Ulrich Deinet
Im Schatten der Älteren

Ulrich Deinet

Im Schatten der Älteren

Offene Arbeit mit Kindern
und jüngeren Jugendlichen

Juventa Verlag
Weinheim und München 1987

Ulrich Deinet, Jg. 1955, ist Diplompädagoge, arbeitet seit 9 Jahren in der offenen Kinder- und Jugendarbeit und ist Lehrbeauftragter an der Ev. Fachhochschule Rheinland-Westfalen-Lippe.

CIP-Kurztitelaufnahme der Deutschen Bibliothek

Deinet, Ulrich:
Im Schatten der Älteren : offene Arbeit mit Kindern u. jüngeren Jugendlichen / Ulrich Deinet. — Weinheim ; München : Juventa-Verl., 1987.
  ISBN 3-7799-0293-1

Fotos von Manfred Schmidt, Düsseldorf

Das Werk einschließlich aller seiner Teile ist urheberrechtlich geschützt. Jede Verwertung außerhalb der engen Grenzen des Urheberrechtsgesetzes ist ohne Zustimmung des Verlags unzulässig und strafbar. Das gilt insbesondere für Vervielfältigungen, Übersetzungen, Mikroverfilmungen und die Einspeicherung und Verarbeitung in elektronischen Systemen.

© 1987 Juventa Verlag Weinheim und München
Umschlaggestaltung: Atelier Warminski, 6470 Büdingen 8
Umschlagfoto: Manfred Schmidt, Düsseldorf
Printed in Germany
ISBN 3-7799-0293-1

Inhalt

Vorwort 7

1. **Szenen aus einem Jugendhaus** 9

   Die „Kleinen", Kinder in der offenen Jugendarbeit 9

   Das Phänomen der „jüngeren Jugendlichen" 12

   Die Minderheit: Mädchen 16

   Das Anne-Frank-Haus: Räume für Kinder und Jugendliche 18

2. **Das Jugendhaus in der Lebenswelt seiner Besucher** 26

   Aneignung der Lebenswelt — zentrale Entwicklungsaufgabe für Kinder und Jugendliche 26

   Der Nahraum des Kindes 29

   Jüngere Jugendliche — Kinder der Straße 36

   Jugendliche — Erweiterung des Handlungsraumes 40

   Das Jugendhaus als Bestandteil des Nahraumes — typische Nutzungen und Funktionen 45

3. **Konzeptionelle Grundpositionen und die Rolle der Mitarbeiter** 49

   Das Mandat einer offenen Arbeit mit Kindern und jüngeren Jugendlichen 49

   Im Jugendhaus eignen sich Kinder und Jugendliche Räume an 52

   Übersichtliche Strukturen machen das Jugendhaus zu einem sozialen Raum 59

Offenheit und Verbindlichkeit bestimmen
den pädagogischen Ansatz   68

Aktionen und Projekte geben dem Leben
im Jugendhaus Perspektive   72

Hilfestellung zur Verbesserung der Lebenssituation der Besucher   77

4. Praxisbeispiele   82

Schulkindergruppe —
Ein Zuhause für Schlüsselkinder   82

Trauminseln —
Ein kunstpädagogisches Projekt mit Kindern
und Jugendlichen
von Margot Drabiniok und Heike Waldmann   99

Mädchengruppe —
Gemeinsam sind wir stärker
von Claudia Metzner und Gabi Steil   107

Literatur   121

Vorwort

Kinder und jüngere Jugendliche stehen in vielen Einrichtungen im Schatten der älteren, meist männlichen Jugendlichen. Sie werden oft nur geduldet, passen sich den Älteren an und übernehmen deren Verhaltensweisen.

In diesem Buch wird nun die Konzeption und die praktische Arbeit mit Kindern und jüngeren Jugendlichen beschrieben, so wie sie im Anne-Frank-Haus, einem evangelischen Kinder- und Jugendhaus in Düsseldorf, entwickelt worden ist. Es wird deutlich, daß das Jugendhaus zu einem wichtigen Bestandteil der Lebenswelt der Besucher werden kann, wenn sie dort *Räume* finden, in denen sie sich wohlfühlen und in denen sie wichtige Erfahrungen machen können, wo sie etwas *erleben* können. Von den Mitarbeitern verlangt diese Konzeption, sich auf die besonderen Bedürfnisse von Kindern und jüngeren Jugendlichen einzulassen, für sie Bezugspersonen im Jugendhaus zu sein, mit ihnen ein Stück weit zu leben.

Bei der Entwicklung einer solchen Konzeption ist man auf gute Zusammenarbeit angewiesen; ich danke deshalb den haupt- und nebenamtlichen Mitarbeitern für ihre direkte oder indirekte Mitarbeit an diesem Buch. Mitgeschrieben haben Gabi und Claudia, die das Praxisbeispiel „Mädchengruppe" entwickelt haben, Heike und Margret aus Aachen, die eine kunstpädagogische Arbeit beschreiben, und Manni, der die Fotos gemacht hat.

Ulrich Deinet

1. Szenen aus einem Jugendhaus

Die „Kleinen", Kinder in der offenen Jugendarbeit

Szene: 16 Uhr, Spielothek im Anne-Frank-Haus. Mike, sieben Jahre alt, kommt gerade von einer „Stempelrally" zurück. Er hat zusammen mit Oktai versucht, innerhalb von einer Stunde so viele Stempelabdrücke wie möglich zu sammeln. Dazu sind die beiden ins Einkaufszentrum gelaufen und haben viele Geschäfte „abgeklappert". Nun geben sie ihr Blatt an der Theke im Spielraum ab und warten auf die Auswertung. Da sie Durst und Hunger haben, gehen sie mal eben zur Küche und kaufen sich einen Apfelsaft und ein Brötchen mit Käse. Mike und Oktai kommen jeden Tag ins Anne-Frank-Haus; Mike wartet meist schon eine Stunde vor der Türe, bis die Spielothek endlich um 15 Uhr beginnt, Oktai kommt direkt von der Schule ins Anne-Frank-Haus, denn er gehört zur „Schulkindergruppe", einer Art Hortgruppe im Jugendhaus. Er ißt auch im Anne-Frank-Haus zu Mittag und macht seine Schulaufgaben dort. Seine Mutter arbeitet und kann ihm wenig bei den Schulaufgaben helfen. Mike und Oktai haben sich inzwischen das Spiel „Räuberwald" ausgeliehen und spielen an einem der Tische. Endlich ist es soweit: Auswertung und Preisverleih für die Stempelrally. Die beiden haben so viele Stempelabdrücke gesammelt, daß sie mit zu den drei Siegermannschaften gehören. Als Preis erhalten sie jeder ein kleines Spiel. Beide, Oktai und Mike, sind typische Besucher des Anne-Frank-Hauses in dieser Altersstufe. Sie wohnen nur wenige Minuten vom Haus entfernt.

Diese Szene aus dem Anne-Frank-Haus ist eigentlich nicht typisch für die offene Arbeit mit Kindern. Das Anne-Frank-Haus ist im Gegensatz zu den meisten Jugendfreizeitstätten auf die Altersstufe der 6-16jährigen spezialisiert. In vielen Jugendhäusern läuft die Arbeit mit den Kindern eher nebenher. Sie findet meist in den Räumen statt, die sonst von

Jugendlichen benutzt werden, und wird oft von Mitarbeitern durchgeführt, deren eigentliche Hauptaufgabe die Arbeit mit den älteren Jugendlichen ist. Dennoch sind Kinder schon lange keine unbedeutende Besuchergruppe in den Jugendhäusern mehr. Kinder drängen vermehrt in die Jugendeinrichtungen, und dies schlägt sich auch in den Zahlen nieder. In seinem 4. Jugendbericht kommt der nordrhein-westfälische Minister für Arbeit, Gesundheit und Soziales zu folgender Einschätzung: „Verstärkt hat sich in den letzten Jahren die Teilnahme von Kindern in den Freizeitstätten. 50% der Besucher der Einrichtungen sind Kinder, die in den Nachmittagsstunden die Einrichtungen besuchen, ..." (Jugend in NW 1982, S. 258) Die Autoren einer Essener Untersuchung zur offenen Jugendarbeit kommen zu folgendem Ergebnis: „Der Kinderanteil beträgt gemessen am Gesamtbesucherdurchschnitt 28,4%. Fast ein Drittel der Jugendheimbesucher an einem normalen Tag sind Kinder." (Düwel 1982, S. 112) Quantitativ hat sich die offene Arbeit mit Kindern gegenüber früher deutlich verstärkt, wie sieht es aber qualitativ aus? Dazu noch einmal die Essener Untersuchung: „Offene Angebote für Kinder sind uns nur wenige aufgefallen: Toberaum, Gelände- und Stadtspiel, Fahrten, Kissenschlachten, Kinderfeste, Schwimmen gehen, Tanz, Kinderdisco. In der Vagheit dieser Angaben drückt sich auch aus, daß es bislang nur wenige Vorstellungen über offene Kinderarbeit im JFH gibt." (Düwel 1982, S. 117) Es mangelt meist an allem: Die äußeren Bedingungen wie Räume, Ausstattung, Material usw. sind unzureichend, aber auch die inhaltlich-pädagogische Arbeit, die sich entweder an Kindergartenerfahrungen oder Angeboten aus der Jugendarbeit anlehnt. Es ist deshalb kein Wunder, wenn es im Landes-Kinderbericht aus Nordrhein-Westfalen über den Aufenthalt von Kindern in Jugendfreizeitstätten heißt: „Für die Spiel- und Bewegungsmöglichkeiten der Kinder in den offenen Jugendeinrichtungen kann unter den gegebenen Bedingungen nur festgehalten werden, daß hier sicherlich keine neuen komplexen Erfahrungen erlebbar werden, sondern vielmehr umgekehrt die Erfahrung vermittelt wird, daß Freizeit gerade nicht primär in feinmotorisch koordinierter und großräumig angelegter Bewegung besteht und daß es zudem am günstigsten ist, sich passiv dem Freizeitgehabe der älteren Jugendlichen anzupassen." (Kinder in NW

1980, S. 175) Kinder haben in Jugendfreizeitstätten meist nur wenige Freiräume, sind oft nur geduldet und passen sich deshalb verstärkt den Verhaltensweisen der Jugendlichen an, um nicht aufzufallen. Die Gründe für diesen Zustand der offenen Arbeit mit Kindern sind vielschichtig:

— Die Geschichte der offenen Arbeit ist die der Arbeit mit älteren Jugendlichen. Ältere, d. h. schulentlassene Jugendliche und ihre Problemlagen bestimmen weitgehend Konzepte und Ansätze offener Arbeit. In den Einrichtungen spiegelt sich diese Bewertung auch räumlich wieder: Bei einer Befragung von über 70 Einrichtungen in katholischer Trägerschaft in NRW zeigte sich, daß nicht einmal die Hälfte der Einrichtungen über einen eigenen Spielraum verfügt und weniger als ein Drittel über einen Raum für Kinder. Einen Bastelraum gibt es nur in knapp 40% der Einrichtungen, während der Werkraum bei über 80% zum Standard gehört. (Jugend in NW 1982, S. 253)

— Das methodische Repertoire der offenen Arbeit, an sich schon nicht sehr weit entwickelt, versagt vollkommen in bezug auf Kinder. Neben den üblichen Spielgeräten wie Kicker und Tischtennis, die meist von den älteren männlichen Besuchern dominiert werden, bleibt nicht viel für die *Kleinen*. Es ist deshalb kein Wunder, daß Mitarbeiter entweder Angebote nach unten *verlängern* und z. B. eine Kinderdisco veranstalten oder auf Erfahrungen der Kindergarten- oder Hortpraxis zurückgreifen. Diese sind jedoch wie die meisten Methodikbücher auf die überschaubare Gruppensituation bezogen und nur schwer auf die offene, unübersichtliche Situation im Jugendhaus übertragbar. Den Mitarbeitern bleibt nur der frustrierende Weg, vorliegende Bastel- und Werkmethoden und anderes Material auf die Bedingungen der offenen Arbeit zu übertragen. Fortbildungsangebote für die offene Arbeit mit Kindern sucht man wie eine Nadel im Heuhaufen.

Trotz all dieser Probleme hat sich die Zahl der Kinder in den Jugendhäusern vergrößert; sie scheinen mehr als früher auf die Jugendhäuser angewiesen zu sein. In den folgenden Kapiteln sollen Antworten auf folgende Fragen gesucht werden:

— Warum besuchen Kinder vermehrt die Jugendhäuser, was suchen sie dort?

— Wie kann eine Konzeption offener Arbeit mit Kindern aussehen?

— Welche Rolle und Funktion übernehmen hauptamtliche Mitarbeiter dabei?

Das Phänomen der „jüngeren Jugendlichen"

Situation: Olli schlägt und Olli bastelt

Olli, ein schmächtiges Bürschlein von 12 Jahren, im Gesicht aber schon wesentlich älter (harte Züge), kommt im Gefolge von drei ungefähr gleichaltrigen Jungen herein. Sie suchen jemanden. Olli immer voran und die anderen hinterher. Schon seit einigen Wochen ist mir aufgefallen, daß Olli wohl der „Anführer" der Gruppe sein muß, denn er kommandiert die anderen herum, läßt sie Cola für sich holen usw. Sie kommen auch meist zusammen, spielen Kicker oder Tischtennis und gehen dann wieder zusammen weg. Durch das Geschrei im Tischtennisraum werde ich „hinzugerufen". Olli hat sich vor einem etwa 12jährigen Jungen, der auf einer Bank sitzt, aufgebaut. Er fuchtelt mit den Armen herum und schlägt auch hin und wieder zu. Olli droht, schimpft und schreit mit Ausdrücken und Gebärden, wie sie die älteren Jugendlichen haben. Auch die anderen drei pöbeln den Sitzenden an und treten ihn auf üble Weise. Ich greife ein. Sie sollen das lassen, vor allem nicht so unfair sein. Als sie nicht aufhören, werde ich lauter und drohe mit Rausschmiß, falls sie den Jungen nicht in Ruhe lassen. Olli schreit jetzt auch mich an und geht schließlich mit einer eindeutigen Handbewegung mir gegenüber.

Mehrere Wochen später während der Disco: In einem Nebenraum machen wir wieder ein Angebot für die Jüngeren, da drei Stunden Disco vielen zu langweilig ist. Auf einem großen Tisch mit Pappauflage können sie aus allen möglichen Pappschachteln, Kartons, Dosen usw. eine Stadt bauen. Olli kommt auch; diesmal ist er alleine. Er geht in den Bastelraum, und ich denke nur: was wird er jetzt wieder anstellen? Doch es passiert nichts. Nach einer guten halben Stunde kommt er zu mir und fragt mich, ob ich dünne Holzstäbchen habe. „Wofür brauchst du die denn?", frage ich etwas unsicher. Er braucht sie für einen Fernsehturm, den er gerade gebaut hat. Die Schaschlickspieße, die in der Schublade liegen, sind genau das Richtige für ihn. Eine Mitarbeiterin, die während des Bastelangebotes in dem Raum war, erzählt später, daß Olli die ganze Zeit ruhig gearbeitet habe.

Situation: Die Discoclique

Noch eine halbe Stunde bis zum Beginn der Disco. Ungefähr zwanzig 12-14jährige Mädchen und Jungen warten schon ungeduldig vor der Tür. Die Mädchen haben sich zurecht gemacht und sehen älter aus; die Jungen tragen modische Jeans- und Lederjacken, obwohl einige noch nicht ganz reinzupassen scheinen. Die meisten der Wartenden rauchen kräftig. Ein paar Jungen tun sich durch gezielte Anmache hervor: Sie rufen den in einer Gruppe zusammenstehenden Mädchen Sprüche, sexuelle Andeutungen, Ausdrücke und Schimpfwörter zu. Die Mädchen antworten auf die gleiche Weise. Sie stacheln sich gegenseitig so weit an, daß einige Jungen kurz mal zu den Mädchen hinüberspringen und sie schubsen. Zwei Jungen werden noch dreister und fassen einige Mädchen an Busen und Po, worauf diese feste schlagen und treten. Vollkommen aufgeregt stürmen die Wartenden schließlich ins Haus.

Ein paar Tage später: Die gleiche Clique ist im Haus und langweilt sich. „Nichts los hier in dem Kinderladen, wann ist denn die nächste Disco?" sagen einige. Manni, ein Mitarbeiter, geht mit einer Fotokamera herum und macht Aufnahmen, um Besucher zu finden, die mit ins Fotolabor gehen wollen. Fotografiert werden wollen alle Jugendlichen dieser Clique, einzeln und zusammen. Manni fotografiert, und nachdem er versprochen hat, daß alle einen Abzug bekommen, gehen fünf Jugendliche mit ins Labor. Nach eineinhalb Stunden intensiver Arbeit zeigen sie stolz ihre Vergrößerungen herum und fragen gleich, wann sie wieder mit ins Labor dürfen.

Scheinbare Widersprüchlichkeit kennzeichnet sehr oft das Verhalten der jüngeren Jugendlichen, wie die Jugendhausbesucher zwischen 9 und 14 Jahren oft genannt werden. Olli verhält sich in brutaler Weise wie ein Jugendlicher, einige Zeit später ist er wieder ganz *Kind* und bastelt einen Fernsehturm. Auch zwischen der wilden Anmache vor der Disco und der intensiven Fotoarbeit einige Tage später scheint keine Verbindung zu bestehen, und doch sind es die gleichen Jugendlichen.

In ihrem Aussehen und Verhalten orientieren sich die jüngeren Jugendlichen stark an den älteren Jugendlichen. Die Art und Weise, wie Olli schreit und schlägt, die *Anmache* vor der Disco, viele konkrete Verhaltensweisen, Redewendungen, aber auch Posen und Gebärden werden zum großen Teil von den älteren Jugendlichen übernommen, mit denen die jüngeren Jugendlichen im Jugendhaus meist zusammen sind. „Wenn du rauskommst, trete ich dich zusammen", sagte nicht ein 17jähriger, sondern ein 11jähriger zu seinem Altersgenossen, mit dem er sich beim Billard nicht über eine Reihenfolge beim Spielen einigen konnte. Die Orientierung an den älteren Jugendlichen geschieht auch mit Ausdrücken und Gebärden im sexuellen Bereich, und man hat dabei oft den Eindruck, daß Verhaltensweisen und Entwicklungsstand der jüngeren Jugendlichen weit auseinanderklaffen.

Die Wechselhaftigkeit ihres Verhaltens hängt stark von der Situation ab. In der oben beschriebenen Szene *konnte* Olli vielleicht deshalb gerade mal *Kind* sein und basteln, weil er alleine gekommen war und sich nicht beobachtet fühlte.

Je nach Situation scheint mehr der kindliche oder jugendliche Anteil in ihren Verhaltensweisen durchzubrechen. Die Widersprüchlichkeit wird auch in dem Wechsel zwischen der Anmache vor der Disco und der intensiven Fotoarbeit deutlich. Wesentlich für ihr Verhalten sind die Umgebung, die Art der Veranstaltung im Jugendhaus, die selbst schon bestimmte Verhaltensweisen auslöst, die Frage, ob die jüngeren Jugendlichen alleine oder in einer Gruppe kommen, ob sie im Haus mit Kindern oder älteren Jugendlichen zusammen sind, ob sie sich beobachtet fühlen usw. Noch mehr als die älteren Jugendlichen sind die 9-14jährigen unsicher und in ihrem Verhalten beeinflußbar. Indem sie z. B. Verhaltensweisen von Älteren übernehmen, wirken diese oft aufgesetzt und werden auch maßlos übertrieben, so daß sich die Jugendlichen in der Situation vor der Disco zu Verhaltensweisen anstacheln, die sie wahrscheinlich allein nicht übernehmen würden. In der Szene mit den Fotoarbeiten sind sie dagegen offen für eine Aktivität, die ihrem Drang nach Selbstdarstellung entgegenkommt.

Als Mitarbeiter kommt man manchmal kaum mit: Gestern hatte man noch Konflikte mit einem 12jährigen, der unbedingt in die Disco für 14-18jährige wollte, heute baut derselbe Junge mit 6-10jährigen Kindern zusammen Drachen. Oft legt man als Mitarbeiter die jüngeren Jugendlichen auf einmal gezeigte Verhaltensweisen fest und verhindert andere Erfahrungsmöglichkeiten. Durch ihr wechselhaftes Verhalten entziehen sich die jüngeren Jugendlichen weitgehend der pädagogischen *Angebotsplanung* und sind eher mit spontanen Aktivitäten zu motivieren.

Auch in bezug auf diese Altersstufe soll den oben gestellten Fragen nachgegangen werden:
— Warum besuchen jüngere Jugendliche die Jugendfreizeitstätten?
— Welche Funktion kann das Jugendhaus für sie übernehmen?
— Wie kann eine Konzeption offener Arbeit mit dieser Altersstufe aussehen, welche Rolle übernimmt der Mitarbeiter dabei?

Die Minderheit: Mädchen

Szene: Spielothek für 14-17jährige im Anne-Frank-Haus, Yvonne kommt herein und fragt an der Küche, ob die anderen schon da sind. Die anderen, das sind ihre Freundinnen, mit denen sie zum Teil auch in der Mädchengruppe ist, die sich jeden Freitagnachmittag trifft. Die Mädchen sind 15-17 Jahre alt. Kurze Zeit später kommen die anderen in einer Clique, und sie setzen sich dann meistens an einen Tisch im großen Saal, etwas abseits von den Jungen, die dort Tischtennis und Billard spielen. Das Auftreten dieser Mädchen ist seit dem Beginn der Mädchengruppe anders geworden: sie scheinen selbstsicherer zu sein, kommen nicht mehr vereinzelt, sondern meist zusammen ins Haus und können sich auch besser zur Wehr setzen, wenn sie angemacht werden oder mit anderen Streit haben. Abends fragen die Mädchen auch oft nach Gabi und Claudia, den zwei Mitarbeiterinnen, die zur Mädchengruppe gehören. Einige von ihnen haben auch Freunde, aber auch wenn sie mit ihnen da sind, halten sie immer den Kontakt zu den anderen Mädchen. Wir Mitarbeiter haben den Eindruck, daß diese Mädchen sicherer und offener geworden sind, seit es die Mädchengruppe gibt. Sie kommen nicht mehr nur als Anhängsel ihres Freundes ins Haus. Vielleicht hat auch deshalb die Anmache in unserem Jugendhaus nicht mehr die üble Form wie vorher.

Mädchen gehörten lange Zeit genauso wie Kinder und jüngere Jugendliche zu den vernachlässigten Zielgruppen offener Jugendarbeit. Im 3. Jugendbericht des Landes Nordrhein-Westfalen heißt es dazu: „Mädchen sind in den offenen Jugendfreizeitstätten eine Minderheit, sie stellen bei den Jugendlichen im allgemeinen höchstens ein Drittel der Besucher." (Jugend in NW 1979, S. 182) Konzeptionell werden sie in einer von den männlichen Besuchern dominierten Jugendarbeit kaum berücksichtigt: „Der einzige Ort, an dem die Mädchen sich ungestört aufhalten können, ist die Damentoilette. Ich habe mich anfangs über die große Besucherzahl gewundert, aber mittlerweile ist mir klar geworden, daß diese der Gruppenraum der Mädchen ist" (Düwel 1982, S. 104), schreibt eine Sozialpädagogin in einem Erfahrungsbericht. Die Räume und die Inhalte der pädagogischen Arbeit werden von männlichen Besuchern bestimmt. Das *klassische Repertoire* der offenen Arbeit: Kicker, Billard, Tischtennis usw. spricht vor allem Jungen an. Seit einiger Zeit wird vor allem unter einem feministischen Anspruch die Mädchenarbeit innerhalb der offenen Jugendarbeit entdeckt.

Die problematische Situation von Mädchen in der offenen Jugendarbeit trifft die jüngeren Mädchen besonders stark. Sie sind noch unsicher in ihrer Frauenrolle, hin- und hergerissen zwischen kindlichem und jugendlichem Erleben, und sie werden gleichzeitig mit einem vollkommen veränderten Verhalten der Jungen konfrontiert, die sie *anmachen* und auf ihre sexuellen Eigenschaften festlegen wollen. Dazu kommen oft große Differenzen zwischen körperlicher und geistiger Entwicklung.

Im Praxisbeispiel „Mädchengruppe" wird beschrieben, wie gerade in dieser Phase eine Mädchengruppe 13-14jährigen

Mädchen zu einer Bearbeitung ihrer Probleme und Fragen verhelfen kann, wie sie im offenen Bereich kaum denkbar wäre.

Das Anne-Frank-Haus: Räume für Kinder und Jugendliche

Es ist 15 Uhr, Beginn der Spielothek für 6-16jährige im Anne-Frank-Haus, einem Kinder- und Jugendzentrum in Düsseldorf-Garath.

Viele Kinder und Jugendliche strömen ins Haus, die einen wollen Tischtennis spielen, andere sich für Billard anmelden. Durch die Tür kommt man direkt in die große Eingangshalle. Gleich rechts steht ein Pool-Billard-Tisch, der von den älteren Jugendlichen dominiert wird. In einer anderen Ecke stehen zwei Fußballkicker, die sowohl von Kindern als auch von Jugendlichen benutzt werden. Auf einer Litfaßsäule kleben viele Plakate und Hinweise auf Veranstaltungen in und außerhalb des Hauses. Obwohl in der Eingangshalle viele Besucher hin- und herlaufen, ist es hier nicht ungemütlich; zwei Tischgruppen, große Blumenkübel und viele Fotowände, auf denen Aktivitäten dokumentiert sind, sorgen für Atmosphäre. Die Halle ist der Eingangsbereich des Anne-Frank-Hauses, offen zur Straße hin, so daß jeder hineinkommen kann, ohne eine *Schwelle* zu überschreiten, aber auch offen zu den anderen Räumen und Aktivitäten innerhalb der Spielothek.

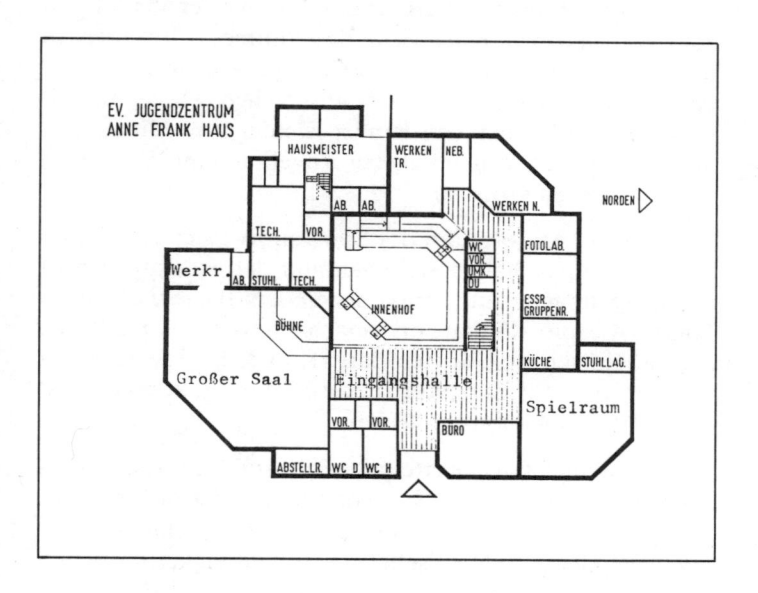

Von der Eingangshalle führen zwei große Türen in den Spielraum und den Saal. Der Spielraum ist von seiner ganzen Atmosphäre her auf Kinder ausgerichtet. Durch buntbemalte Wandflächen, viele Bilder und selbstgemachte Dinge wirkt der Raum sehr warm. Auf den Fensterbänken stehen viele Blumen, die entgegen unseren anfänglichen Befürchtungen sehr pfleglich behandelt werden. Die großen Fenster geben dem Raum viel Licht; einzelne Scheiben sind mit bunten Figuren beklebt. Von der ansteigenden Holzdecke hängen ein selbstgebauter Drachen und ein großer Rabe herab. Über den Tischen befinden sich Lampen, die gutes Licht zum Spielen geben. Zentrum des Spielraums ist eine große Theke mit vielen Tischspielen. Hier steht auch Oktai, 11 Jahre alt, der fast jeden Tag ins Anne' kommt. Er leiht sich bei Gabi, einer von drei Mitarbeiterinnen, die ständig im Raum sind, ein Spiel aus und gibt als Pfand eine kleine Figur aus seiner Hosentasche ab.

Gabi nimmt das Pfand entgegen und spielt dann weiter „Schwarzer Peter" mit ein paar „Kleinen" am Nebentisch. Oktai setzt sich auch an einen der Tische, die an den Fenstern stehen und durch Stellwände voneinander abgeschirmt sind, um den Besuchern Ruhe beim Spielen zu geben. Nach einiger Zeit gibt er das Spiel wieder ab und geht zum Basteltisch in einer Ecke des Raumes. Dort werden heute Perlenketten gebastelt, und da gerade ein Platz freigeworden ist, kann Oktai jetzt mitmachen. Dieser Basteltisch hat den Vorteil, daß Kinder leichter zum Mitmachen animiert werden können als bei Angeboten im Werkraum mit einer festen Gruppe.

Obwohl die Atmosphäre des Spielraums ganz auf Kinder ausgerichtet ist, halten sich während der Spielothek dort auch Jugendliche auf. Direkt neben dem Basteltisch sitzen Huari, Ali und Khadar, drei marokkanische Jugendliche, spielen Karten und warten darauf, daß die Teestube um 16 Uhr aufmacht. Sie sind 15 und 16 Jahre alt, kommen fast jeden Tag ins Anne-Frank-Haus.

Oktai hat nun seine Kette gebastelt und will Tischtennis spielen. Er geht durch die Eingangshalle in den großen Saal. Dort stehen während der Spielothek vier Tischtennisplatten, zwei kleine Billardtische, ein Fußballkicker und noch weitere Spiele. Oktai geht zu einem Tisch, an dem Christoph, ein Mitarbeiter, sitzt, und fragt, ob er Tischtennis spielen kann. Da alle Platten besetzt sind, wird er für halb fünf angemeldet und spielt solange Air-Hockey mit Andreas. Die Atmosphäre im Saal ist anders als im Spielraum; dieser Raum wird von Kindern und Jugendlichen gleichzeitig benutzt: hier spielen ein paar *Kleine* mit großem Geschrei Rundlauf, daneben üben zwei 15jährige für das nächste Tischtennisturnier. Obwohl es zwischen Großen und Kleinen auch mal Konflikte gibt, wissen doch alle, daß die „Kleinen" im Anne-Frank-Haus die gleichen Rechte haben wie die „Großen", daß die Spielmöglichkeiten gerecht verteilt werden, daß jeder nach einer halben Stunde die Spiele wieder abgeben und den nächsten Spielern Platz machen muß. Obwohl es keine geschriebene Hausordnung gibt, ist das Anne-Frank-Haus doch ein *sozialer Raum*, in dem es im Gegensatz zur Straße eine übersichtliche Struktur mit festen Regeln gibt. Hierzu gehört neben der Verteilung der Spielmöglichkeiten auch der Versuch, eine angstfreie Atmosphäre im Haus zu erreichen, ohne körperliche Auseinandersetzungen, mit gegenseitiger Achtung der Rechte und Interessen des anderen. Das Durchhalten und Durchsetzen dieser Regeln ist nicht immer so einfach, denn *draußen* gilt oft das Recht des Stärkeren, werden die *Kleinen* meist von den Größeren verdrängt.

Den Saal prägen sechs große Wandbilder, die von Kindern und Jugendlichen aus dem Anne-Frank-Haus gestaltet wurden. Sie stellen sechs Motive zum Thema „Trauminseln" dar: die Kinder haben z. B. eine riesige Arche mit vielen Tieren gemalt, die Jugendlichen dagegen eine Palme am Meer. Obwohl die Bilder vom Motiv und Stil her sehr unterschiedlich sind, passen sie doch zusammen und zeigen damit auch ein Stück der Konzeption des Hauses, die darin besteht, daß Kinder und Jugendliche nicht voneinander getrennt werden, sondern lernen sollen, friedlich miteinander umzugehen und sich zu tolerieren.

Im Praxisbeispiel „Trauminseln" wird die Arbeit mit den verschiedenen Gruppen beschrieben, und es wird deutlich, daß die Gestaltung des Saales durch die Besucher eine wichtige Form der *Aneignung* des Hauses durch Kinder und Jugendliche war. Im Saal finden auch der sonntägliche Gottesdienst und andere Gemeindeveranstaltungen statt.

Nach dem Tischtennisspielen hat Oktai Hunger und Durst. Er geht durch die Eingangshalle zur Küche und kauft sich ein Brötchen mit Käse und einen Apfelsaft, zusammen für 70 Pfennig. Die Küche ist ein wichtiger Raum im Anne-Frank-Haus; Essen und Trinken spielen bei vielen Besuchern eine große Rolle. Daß dies auch eine Ersatzfunktion hat, wird bei vielen Kindern deutlich, die ständig Süßes essen. Der Verkauf im Haus hat den Vorteil, daß man dadurch Einfluß auf die Eßgewohnheiten der Besucher nehmen kann. Deshalb stehen neben den Schokoriegeln Obstsäfte, Milch, Kakao, Brötchen, „Muftis" und andere selbstgebackene Dinge auf der Preistafel.

Direkt neben der Küche liegt die Teestube, ein Raum, der für die Jugendlichen zwischen 13 und 16 Jahren eingerichtet ist. Niedrige Sessel und Tische, ein Regal mit Spielen für Jugendliche, Cassettenradio, Tee, ein Wandbild mit Lucky

Luke geben dem Raum „jugendliche" Atmosphäre. Hier sitzen jetzt auch Huari, Ali und Khadar und spielen mit Peter, einem Mitarbeiter, Karten. Der Raum ist im Gegensatz zur Halle und dem Saal ziemlich klein, so daß sich auch schon wenige Jugendliche wohlfühlen. Auch die Lage hinter der Küche sorgt für mehr Ruhe und Intimität als in den großen Räumen.

Im Flur hinter der Teestube folgen dann noch weitere Räume: das Fotolabor und zwei Werkräume, die während der Spielothek allerdings nicht ständig offen sind, sondern zu speziellen Angeboten, wie z. B. Fotoarbeiten oder Siebdruck, aufgesucht werden.

Zum Programm der Spielothek gehören über den Spielverleih hinaus je nach Jahreszeit noch Spiele auf der Wiese, am Haus, Rollschuhlaufen, Filme für Kinder und Jugendliche, Turniere und andere kleine Aktionen.

Eine Woche im Anne-Frank-Haus

Das Programm des Anne-Frank-Hauses besteht aus einer Mischung von ganz offenen Veranstaltungen sowie Gruppenangeboten für Kinder und jüngere Jugendliche. Basis ist die Spielothek für 6-16jährige an drei Tagen in der Woche.

Oktai besucht nicht nur regelmäßig die Spielothek, sondern auch den Kinderclub am Mittwochnachmittag, eine

Montag	Dienstag	Mittwoch	Donnerstag	Freitag
12^{00}–15^{00} Schulkindergruppe				
ab 15^{00} Schulaufgabenbetreuung				15^{00}–18^{30} Tischtennisgruppen
15^{00}–18^{30} Spielothek für 6–11jährige	16^{00}–17^{30} Kinderclub für 6–11jährige	15^{00}–18^{30} Spielothek für 6–16jährige		15^{00}–17^{30} Mädchengruppen
	18^{30}–21^{00} Spielothek für 14–17jährige			18^{30}–21^{30} ($_{14\text{tägig}}^{\text{alle}}$) Spielothek für 14–17jährige

Wochenplan des Anne-Frank-Hauses

Gruppe für 6-11jährige, in der viel gespielt, gebastelt und auch gesungen wird. Oktai geht direkt nach der Schule zum Anne-Frank-Haus, denn er gehört zur Schulkindergruppe, einer Art Hortgruppe im Jugendhaus. Weil viele Kinder über Mittag auf sich alleine gestellt sind, wurde diese Gruppe eingerichtet. Die Mitarbeiter kochen selbst, um halb zwei wird an einem großen Tisch in der Teestube gegessen. Nach dem Spülen unternimmt die ganze Gruppe, die aus acht Kindern besteht, meist noch einen kleinen Ausflug oder bastelt und spielt zusammen. Wenn dann um 15 Uhr die Spielothek beginnt, gehen die Kinder der Schulkindergruppe zunächst zur Schulaufgabenbetreuung in die oberen Räume des Anne-Frank-Hauses. Die Schulaufgabenbetreuung ist für viele Besucher fester Bestandteil des Anne-Frank-Hauses. 25 bis 30 Kinder und Jugendliche verteilen sich auf drei Räume, in denen jeweils zwei bis drei Mitarbeiter sind. Durch die räumliche Trennung besteht kein Problem in der parallelen Durchführung von Spielothek und Schulaufgabenbetreuung. Wenn sie mit ihren Schulaufgaben fertig sind, kommen Oktai und viele andere Kinder und Jugendliche herunter zum Spielen in den Saal oder den Spielraum.

Für Huari, Ali und Khadar gehören neben dem Besuch der Spielothek nachmittags der Mittwochabend und alle 14 Tage der Freitagabend zum regelmäßigen Anne-Frank-Haus-Programm.

Die Atmosphäre in dieser Spielothek ist anders als nachmittags: es läuft Musik im Hintergrund, Rauchen ist erlaubt, der Spielraum bleibt geschlossen, in der Eingangshalle sind mehrere Tischgruppen aufgestellt, so daß etwas *Kneipenatmosphäre* entsteht. Der Spielverleih ist von der Küche aus organisiert. Abends herrscht weniger Hektik als nachmittags; die Jugendlichen sitzen an den Tischen, spielen und unterhalten sich.

Die veränderten Rahmenbedingungen zwischen der Spielothek nachmittags und abends sind auch im Verhalten spürbar. Als Huari, Ali und Khadar 14 Jahre alt wurden und damit die Spielothek für 14-17jährige besuchen durften, verhielten sie sich abends zunächst genauso wie nachmittags; sie liefen hin und her, waren unruhig und setzten sich kaum hin. Erst nach und nach wurden sie sicherer im Umgang mit den älteren Jugendlichen, setzten sich dazu, spielten mit und unterhielten sich. Kamen sie nachmittags, so veränderten sie wiederum ihr Verhalten, traten viel stärker auf, weil sie zu den Älteren gehörten. Dieser Wechsel hängt sicher damit zusammen, daß die jüngeren Jugendlichen im Anne-Frank-Haus die Möglichkeit haben, mit jüngeren und älteren Besuchern zusammenzusein, ihre *kindlichen* und *jugendlichen* Verhaltensanteile auszuleben. Für die über 16jährigen Jugendlichen beginnt mit dem Abschied von der Nachmittagsspielothek meist die Ablösephase vom Haus; sie besuchen dann meist noch regelmäßig die Spielothek für 14-17jährige.

Über diesen Wochenplan hinaus gehören Sonderveranstaltungen wie Turniere gegen andere Einrichtungen, Osterferienprogramm, Fahrradrally, Geisterbahn, Freizeiten und Städtefahrten zur Konzeption des Anne-Frank-Hauses, um den Kindern und Jugendlichen aus einer Trabantenstadt neue Erfahrungs- und Erlebnismöglichkeiten zu erschließen.

Anne-Frank-Haus: Finanzierung und Mitarbeiterstruktur

Das Anne-Frank-Haus ist eine Einrichtung der Evangelischen Kirchengemeinde Düsseldorf-Garath. In Absprache mit den anderen Jugendeinrichtungen im Stadtteil wurde das Haus für die Altersstufe der 6-16jährigen konzipiert und 1980 bezogen. Nach den Richtlinien des Landesjugendplans in Nordrhein-Westfalen ist das Anne-Frank-Haus eine anerkannte *Kleine-Offene-Tür;* die Finanzierung erfolgt durch Landeszuschüsse (10%), städtische Zuschüsse (30%) und Eigenmittel (60%). Im Haus gibt es 1,5 Stellen für hauptamtliche Mitarbeiter, eine Berufspraktikantenstelle, sowie ca. 15 nebenamtliche Mitarbeiterinnen und Mitarbeiter, die zweimal pro Woche kommen (8-10 Stunden). Dazu kommen Hausmeister und Zivildienstleistender für den technischen Bereich.

Haushaltsplan:

Personal:
Soz.-päd. Stelle und Hausmeister	113.323 DM
halbe Erzieherstelle und Berufspraktikantenstelle	59.076 DM
Nebenamtliche Mitarbeiter	35.000 DM
Personalkosten Schulkindergruppe	25.400 DM
personalbezogene Sachausgaben	3.220 DM
	236.023 DM

Haus:
Unterhaltung des Gebäudes, Grundsteuer, Versicherung, Heizung, Außenanlagen, Wasser, Strom…	60.814 DM

Pädagogische Arbeit:
Kleinbus	2.000 DM
Reparatur von Geräten	1.000 DM
Fahrtkosten	2.500 DM
Telefon	2.750 DM
Fort- und Weiterbildung	600 DM
Verwaltungskosten	1.490 DM
allgemeine Betriebsmittel (Spiele, Bastel-, Werk-, Verbrauchsmaterial)	13.500 DM
Sonderveranstaltungen (Filme…)	3.500 DM
Freizeiten	2.000 DM
Größere Anschaffungen	3.000 DM
	32.340 DM
zusammen:	329.177 DM

2. Das Jugendhaus in der Lebenswelt seiner Besucher

Aneignung der Lebenswelt — zentrale Entwicklungsaufgabe für Kinder und Jugendliche

Ich gehe davon aus, daß die Erschließung und Aneignung ihrer Lebenswelt eine der wichtigsten Entwicklungsaufgaben von Kindern und Jugendlichen ist, die sich entsprechend ihrem Entwicklungsstand in unterschiedlichen Bereichen und Formen vollzieht. Eine wichtige Frage in diesem Zusammenhang ist, wie sich der Handlungsraum von Kindern und Jugendlichen im Stadtteil strukturiert, welche Aneignungsprozesse in bezug auf die Lebenswelt in den verschiedenen Altersstufen stattfinden und wodurch diese behindert oder gefördert werden. Eine solche Vorgehensweise zeigt auch, welche Bedeutung und Funktion ein Jugendhaus in der Lebenswelt von Kindern und Jugendlichen haben kann.

Um die Lebenswelt als konkreten Handlungsraum beschreiben zu können, führe ich zwei sozialökologische Modelle ein, die diese Konkretisierung leisten können:

Dieter Baacke beschreibt die Lebenswelt in vier ökologischen Zonen, die das Kind nacheinander betritt:

1. *„Das **ökologische Zentrum** ist die Familie, das Zuhause: Der Ort, an dem sich das Kind/die Kinder und die wichtigsten und unmittelbarsten Bezugspersonen vorwiegend tagsüber und nachts aufhalten.*
2. *Der **ökologische Nahraum** ist die Nachbarschaft, der Stadtteil, das Viertel, die Wohngegend, das Dorf: Der Ort, in dem das Kind die ersten Außenbeziehungen aufnimmt, Kontakte zu funktionsspezifischen behavioral settings gestaltet (in Läden einkaufen geht, in die Kirche zum Gottesdienst geht usf.).*

3. *Die ökologischen Ausschnitte sind die Orte, in denen der Umgang durch funktionsspezifische Aufgaben geregelt wird; das Kind muß hier lernen, bestimmten Rollenansprüchen gerecht zu werden und bestimmte Umgebungen nach ihren definierten Zwecken zu benutzen." (Baacke 1984, S. 84f.) Gemeint sind damit vor allem die Schule, aber auch andere Bereiche, die Kinder und Jugendliche zu einem bestimmten Zweck betreten, z. B. das Schwimmbad oder die Disco in einem anderen Stadtteil.*

4. *„Die Zone der ökologischen Peripherie ist die gelegentlicher Kontakte, zusätzlicher, ungeplanter Begegnungen, jenseits der Routinisierung, die die drei anderen Zonen ermöglichten, ja sogar fordern. Zu solchen nichtalltäglichen Sphären kann der Urlaub gehören, . . ." (Baacke 1984, S. 85) Die Zone der ökologischen Peripherie ist gerade wegen ihres Ausnahmecharakters von besonderer Erlebnisqualität und kann das Verhaltensspektrum und den Horizont des Jugendlichen wesentlich erweitern.*

Dieses Zonenmodell darf man nicht zu statisch verstehen, in dem Sinne, daß die einzelnen Zonen in einem ganz bestimmten Alter betreten werden, sondern als dynamisches Modell, das verschiedene Bereiche in der Umweltaneignung von Kindern und Jugendlichen systematisch erfaßt: „Zunächst halten sich Kinder ausschließlich oder vorwiegend in der Familie auf (in der Wohnung, in einem bestimmten Zimmer, bei der Mutter); sodann erobern sie sich *die Straße,* den Spielplatz, die Räume um das Haus (die *Nachbarschaft*), den Ort ihrer Spiele und Tobereien; dabei ist eine Rückkehr ins Zentrum jederzeit möglich." (Baacke 1984, S.86) Die einzelnen Zonen bieten unterschiedliche Erfahrungs- und Erlebnismöglichkeiten und stellen unterschiedliche Anforderungen an das Kind oder den Jugendlichen.

Einen wesentlichen Entwicklungsschritt für das Kind bedeutet das zeitweilige Verlassen des ökologischen Zentrums der Familie. Damit beginnt die Erschließung der unmittelbaren Umwelt im Stadtteil. Thomas hat diesen Übergang in seinem sozial-ökologischen Modell als Schritt vom *Drinnen-* zum *Draußenbereich* bezeichnet, womit auch die räumliche Dimension dieses Übergangs sehr deutlich wird.

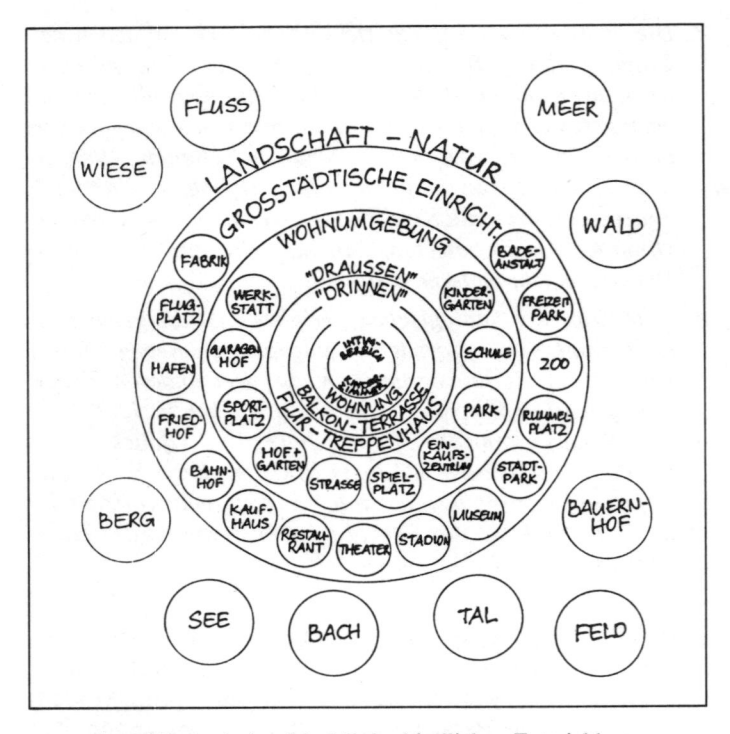

Sozialökologisches Modell der kindlichen Entwicklung
Quelle: Thomas: Bedingungen des Kinderspiels in der Stadt,
Stuttgart 1979, S. 38

„Die Umwelt des Stadtkindes kann modellhaft in Form von vier verschiedenen Sektoren mit unterschiedlicher Wertigkeit dargestellt werden:

1. *Der Innenbereich oder Intimbereich, auch 'Schwellenbereich' genannt, Wohnung und Haus, das 'Drinnen' (wie Kinder sagen).*

2. *Die Wohnumgebung, alles was das Kind von der Haustür aus erreichen kann, der Nahbereich und der erweiterte Nahbereich der Wohnung, das 'Draußen' (wie Kinder es nennen).*

3. *Der große und weite Bereich der großstädtischen Einrichtungen, die von Kindern nacheinander und punktuell erfahren werden und die für ihre Sozialisation von Anfang an von sehr unterschiedlicher Bedeutung sein können.*

4. Die Räume und Erlebnisbereiche, die eine Stadt umgeben und die meistens als freie Landschaft bzw. Natur bezeichnet werden, die aber von einem Stadtkind nicht in unmittelbarem Zusammenhang mit der Wohnumwelt erlebt werden, da Verkehrsmittel benutzt werden müssen, um sie zu erreichen, was bei Kindern eine 'Bewußtseinslücke' bezüglich des räumlichen Zusammenhangs erzeugt." (Thomas 1979, S. 38)

Bei Thomas ist das Zonenmodell sehr schön auf die kindliche Erlebenswelt bezogen, während Baacke die Entwicklung vom Kind zum Jugendlichen stärker in seiner Konzeption berücksichtigt.

Diese sozial-ökologischen Modelle sind geeignet, Umwelterfahrungen von Kindern und Jugendlichen und den Prozeß ihrer Entwicklung im Zusammenhang zu sehen. Im Folgenden soll versucht werden, diese Zonenmodelle als Folie zu benutzen, mit der die unterschiedlichen Möglichkeiten von Umweltaneignung von Kindern und Jugendlichen in unterschiedlichen Umgebungen untersucht werden.

Der Nahraum des Kindes

Im sozial-ökologischen Zonenmodell ist das ökologische Zentrum der Familie von großer Bedeutung für Kinder. Mit der Einschulung betritt das Kind einen wichtigen ökologischen Ausschnitt und löst sich damit schon ein Stückweit von der Familie ab. Das zeitweilige Lösen vom ökologischen Zentrum und die damit zusammenhängende Zunahme der Bedeutung fremder Personen und Gleichaltriger beginnt allerdings schon früher; in einer Untersuchung zur sozialen Umwelt des Kindes kommt Schmidt-Denter zu dem Ergebnis: „Die Intensivierung der sozialen Beziehungen zu den Nachbarn schreitet sukzessiv mit dem Alter des Kindes voran. ... Zumindest nach diesem Kriterium hat sich die soziale Umwelt des Kindes spätestens vom vierten Lebensjahr an über die Familie hinaus in das unmittelbare Umfeld erweitert." (1984, S. 90)

Eine besondere Bedeutung in dieser Altersstufe kommt der Gleichaltrigengruppe zu: „Nur mit Gleichaltrigen kann das

Kind ein Grundverständnis für Gleichheit und Gleichberechtigung gewinnen. Es erfährt zunächst, daß andere die gleichen Ansprüche stellen wie es selbst, die gleiche Behandlung erfahren, gleiche Vorrechte und Nachteile haben." (Oerter u. a. 1982, S. 227) Die Interaktion in der Gleichaltrigengruppe, die Übernahme verschiedener Rollen, das Lernen voneinander haben wesentlichen Einfluß auf die soziale und geistige Entwicklung. Nach dem Modell von Piaget erreichen Schulkinder in diesem Alter das Niveau der konkreten, intellektuellen Operationen. Diese geistige Entwicklung als Vorstufe des mit etwa 12 Jahren entwickelten abstrakten Denkens wirkt sich nicht nur in der schulischen Leistungsfähigkeit aus, sondern bezieht sich z. B. auch auf verändertes Spielverhalten. In der Gleichaltrigengruppe wird deshalb beim Spiel viel gestritten, werden Standpunkte vertreten, argumentiert, Rollen übernommen usw.: „Die Kinder müssen untereinander von gleich zu gleich aushandeln, was sie tun wollen. In dieser Gemeinschaft der oft heftig streitenden Kinder entwickeln sich grundlegende soziale Fähigkeiten, nämlich Interessen zu berücksichtigen, sich durchzusetzen, einzulenken, Kompromisse zu finden." (Krappmann 1983) Diese Prozesse in der Gleichaltrigengruppe laufen ganz anders ab als die Interaktion Erwachsener, oft ist der Streit über die Regeln eines Spieles wichtiger als das Spiel selbst. Die Abwesenheit Erwachsener ist wichtige Voraussetzung für die ungestörte Entfaltung des Lebens in der Gleichaltrigengruppe; gerade das zeitweise Lösen vom ökologischen Zentrum ohne ständige Kontrolle, aber auch Hilfestellung durch Erwachsene sind für die Entwicklung wichtig. Die Wohnumgebung, der ökologische Nahraum, muß dem Kind und der Gleichaltrigengruppe genügend Räume bieten, in denen sie für sie wichtige Erfahrungen machen können.

Schauen wir uns nun einen solchen Nahraum am Beispiel des Stadtteils Düsseldorf-Garath an, in dem auch das Anne-Frank-Haus liegt. Beim ersten Blick auf die Karte fällt auf, daß dieser Stadtteil durch Verkehrswege strukturiert ist. In Garath bildet die breite Verkehrsschiene in der Mitte des Stadtteils eine große Barriere; eine vollkommen gefahrlose Überquerung ist nur an zwei Stellen, wo Fußgängerbrücken vorhanden sind, möglich. Dagegen ist die Beweglichkeit in

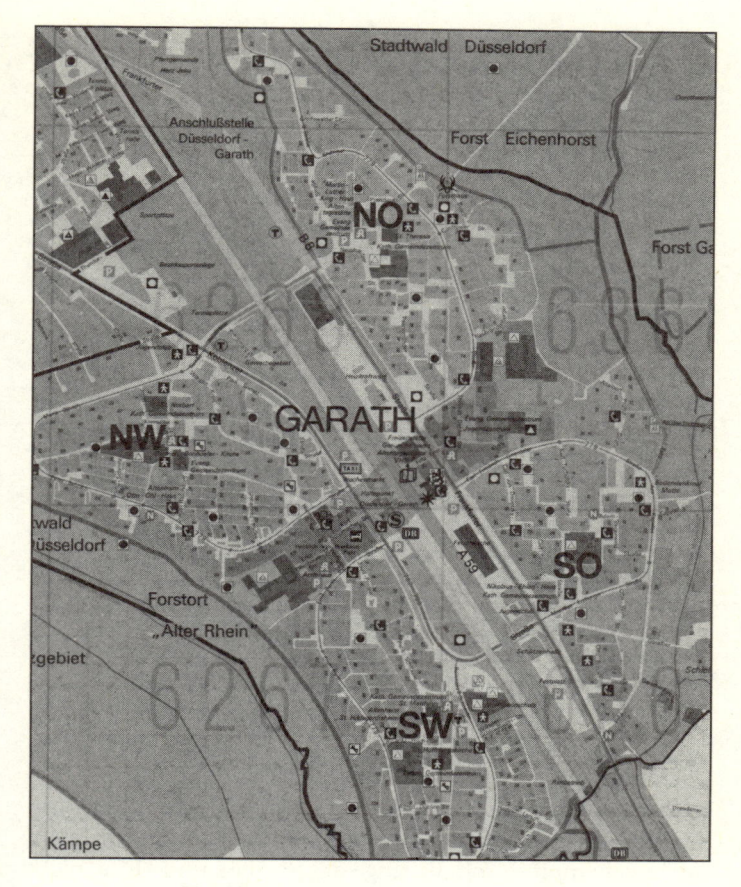

Plan des Stadtteils Düsseldorf-Garath

den einzelnen Stadtteilen relativ groß; erst die Straßenschleifen begrenzen die großen Fußgängerbereiche. Der Straßenverkehr bedeutet nicht nur eine hohe Unfallgefahr für Kinder, sondern die Straßen begrenzen auch Nahräume und schränken die Bewegungsfreiheit von Kindern ein. In den Innenstadtquartieren der Großstädte ist die Situation für Kinder oft noch schlechter, weil sie meist nur auf ein sehr kleines Gebiet um ihr Wohnhaus herum angewiesen sind: „Untersuchungen zum Spielverhalten von Stadtkindern haben gezeigt, daß vor allem für Kinder im Kindergartenalter und für Grundschulkinder die Grenzen des zum Spielen genutzten Raumes durch Verkehrsstraßen vorgegeben sind." (Kinder in NW 1980, S. 184) Auf ein Kind kamen Anfang 1979 in Nordrhein-Westfalen zwei zugelassene Kraftfahrzeuge; diese Zahl macht nicht nur die Gefährdung durch Autos deutlich, sondern zeigt auch, daß über die akute Gefährdung hinaus der Straßenverkehr durch seinen hohen Raumbedarf den kindlichen Lebensraum einengt. Dazu noch einmal der Landeskinderbericht: „Die wachsende Zahl der Pkw schlägt sich nieder im steigenden Bedarf an Straßen, Einstellplätzen, Parkplätzen und Garagen. Hierdurch werden noch vorhandene Freiflächen verplant, Spiel- und Bewegungsmöglichkeiten eingeschränkt." (Kinder in NW 1980, S. 184) Eine Trabantenstadt wie Düsseldorf-Garath, die auf dem Reißbrett entstanden ist, hat innerhalb der Wohngebiete keine Freiflächen bzw. unverplante Flächen oder Grundstücke. Daß solche Flächen und Plätze gerade für Kinder eine besondere Bedeutung haben, beschreibt Martha Muchow in einer Untersuchung von 1935 (Muchow 1978). Die damalige Wohnumwelt in Hamburg-Barmbek bot den Kindern eine ganze Reihe von Orten, wie den Löschplatz, Schrebergärten, unbebaute Plätze, die sich Kinder ohne Gefahr aneignen konnten: „Der 'Platz', in der Welt der Erwachsenen eine 'Baulücke' oder, wenn er von einem Wanderzirkus vorübergehend benutzt wird, ein 'Rummelplatz', zu allen Zeiten aber einen 'Schandfleck' im Straßenbilde darstellend, nur als Abkürzung des Weges benutzt und geschätzt, bildet für das Großstadtkind einen idealen Spielplatz. Man ist hier im Freien, nicht gehemmt durch die Enge der Straßen und Höfe, nicht behindert noch gefährdet durch den Verkehr oder die Verkehrsordnung, nicht verpflichtet zu Rücksichtnahme auf die besonderen Gegebenheiten eines offiziellen Spiel- und Sportplatzes." (Muchow 1978, S. 59f) Schon Martha Muchow schreibt den offiziellen Spielplätzen weniger Bedeutung zu als den Plätzen, die sich die Kinder selbst aneignen, und davon gab es doch etliche im damaligen Barmbek. Sie betont die Nutzung an sich für Kinder verbotener oder zumindest nicht für Kinder angelegter Flächen und Orte, wie z. B. der Schrebergärten.

Muchow entwickelte im Laufe ihrer Untersuchung eine Sichtweise und eine Struktur des Stadtteils Barmbek aus dem Blickwinkel von Kindern, die auf der Suche nach Erlebnis- und Spielmöglichkeiten sind. Im Vergleich zur heutigen Stadtlandschaft am Beispiel Garaths fällt auf, daß es heute wesentlich mehr offizielle Spielplätze gibt, dagegen kaum noch Orte, die sich relativ gefahrlos im Sinne von Muchow umwidmen lassen. Daß gerade diese aber von besonderer Bedeutung sind, bestätigen auch neuere Untersuchungen, die zu dem Ergebnis kommen, daß Kinder mit zunehmendem Alter weniger Interesse an den offiziellen Spielplätzen haben: „Die Lebensqualität des Außenbereiches wird in den Augen der Kinder weniger von der speziellen infrastrukturellen Ausstattung mit Spielplätzen und Freizeiteinrichtungen bestimmt. Wichtiger ist für sie die Zugänglichkeit und Bespielbarkeit von Grünflächen, Bürgersteigen, Straßen, Hofeinfahrten, Garagen, Durchgängen, Begrenzungsmauern usw., also die allgemeine Gestaltung der räumlichen und architektonischen Außenzonen. Hier kommt es darauf an, ob und wie Kinder diese Zonen besetzen und sich aneignen können." (Haaser 1983, S. 444)

Ein weiterer Aspekt in der Verarmung der städtischen Wohnumwelt als Erfahrungs- und Erlebnisbereich für Kinder ist in der fortschreitenden Funktionalisierung aller Lebensbereiche zu sehen: „War früher der Nahraum, in den sie eher beiläufig und unbetreut hineinwuchsen, auch in der Stadt so etwas wie ein Mikrokosmos der Natur und Gesellschaft — die Welt offenbarte sich dort im kleinen, sie war erfahrbar; handgreiflich standen ihre Konflikte und vielen Gesichter vor Augen (vgl. Muchow) —, so sind heute dort Wohngebiete, Industriegebiete, Einkaufsstraßen, Erholungsgebiete, Spielplätze streng voneinander separiert (...)" (Becker u. a. 1983, S. 125) Die Funktionalisierung der modernen Stadtlandschaft und Lebenswelt überhaupt hat große Auswirkungen auf den kindlichen Lebensraum, die hier nicht in allen Einzelheiten diskutiert werden können. Ein Aspekt ist z. B. die Trennung von Arbeiten und Wohnen, die in den Trabantenstädten besonders extrem ist; in Düsseldorf-Garath gibt es so gut wie keine Arbeitsplätze. Die Auswirkungen sind nicht nur, daß Kinder wenig über die Arbeit ihrer Mütter und Väter wissen, sondern auch, „daß Kinder heute weniger als in früheren Zeiten miterleben können, unter welchen Mühen die für sie oft so selbstverständlichen Güter hergestellt werden" (Kinder in NW 1980,

S. 133). Weiter heißt es im Landeskinderbericht: „Vielleicht liegt hier eine Begründung für das von Eltern und Erziehern oft beklagte Verhalten, daß es den Kindern schwerfalle, Arbeitsprodukte in ihrem Wert zu schätzen und zu achten."

Albert Haaser beschreibt die Folgen der Funktionalisierung auch als „Verlust der Straßenöffentlichkeit" infolge des „Rückzugs der Erwachsenen aus dem Wohnumfeld". Er meint damit auch den Prozeß des Rückzugs auf die eigenen vier Wände: „Für die Kinder, die sich im Wohnumfeld aufhalten, heißt das zunächst einmal, daß die Gelegenheiten abnehmen, Erwachsene draußen bei ihren Tätigkeiten beobachten und begleiten zu können, mit ihnen in Kontakt zu kommen, ja sie überhaupt zu Gesicht zu bekommen. Sie treffen draußen allenfalls Rentner und Mütter mit Kleinkindern." (Haaser 1983, S. 446) Haaser beschreibt im Folgenden, wie die technische Entwicklung viele Berufe für Kinder unsichtbar gemacht hat. Die Wohnweise verstärkt diesen „Verlust an Straßenöffentlichkeit" noch dadurch, daß gerade in den Trabantenstädten viele Wohnungen in Hochhäusern liegen und damit die Erreichbarkeit des Wohnumfeldes für Kinder noch erschwert wird: „Kinder, die in Hochhäusern mit mehr als vier Geschossen wohnen, halten sich nicht nur weniger im Freien auf als Kinder, die in Häusern mit weniger Geschossen leben, ihre gesamte Mobilität ist geringer, die Wohnsituation steigert 'die Nervosität der Kinder und Mütter', die Kinder leiden unter einem Anregungsmangel, Mangel an 'einem ständigen Kontakt mit anderen Kindern' und ihre Mütter greifen auf Grund der Wohnsituation eher zu 'restriktiven Erziehungsmaßnahmen'." (Kinder in NW 1980, S. 111) Diese Wohnweise schränkt jedoch nicht nur den Bewegungsraum des Kindes ein, sondern führt durch die Wohndichte auch meist zur Einschränkung der Verhaltensweisen der Kinder im Sinne von Diszipliniertheit und die Erwachsenen nicht störendem Verhalten: „Die heute dominanten Normen heben meist darauf ab, die Privatsphäre des einzelnen Nachbarn maximal zu schonen, z.B durch Verbot von Kinderaktivität, die Lärm macht. Viele nachbarschaftliche Normen haben heute restriktive Funktionen. Die Hausordnungen bestimmen, daß zu bestimmten Tageszeiten Kinder im Umfeld der Wohnungen nicht spielen dürfen und zu einem Schweigen gezwungen werden, das für sie unnatürlich ist." (ebd. S. 130) Nachbarschaft existiert für Kinder nicht als Netz sozialer Verbindung und gegenseitiger Hilfe, sondern als Reglementierungssystem mit besonders für diese Aufgabe beauftragten *Raumwärtern,* den Hausmeistern. Die Funktionalisierung weist dem Kind offizielle Plätze zu, an denen es spielen, toben und schreien darf, während es sich an den meisten Orten wie ein Erwachsener zu verhalten hat. „Mit dem Verlust der Straßenöffentlichkeit geht die Abnahme an öffentlichen, d.h. für Kinder zugänglichen Zonen einher." (Haaser 1983, S. 448) Die Zuweisung offizieller Spielplätze bedeutet andererseits auch die Abnahme der Möglichkeiten, am Leben der Erwachsenen ernsthaft teilzunehmen. Gerade in diesem Bereich gibt es ein starkes Gefälle zwischen Stadt und Land, zwischen der funktionalisierten und zersiedelten Stadtlandschaft, die einzelne Bereiche des Lebens in weite Ferne rücken läßt, und den dörflichen und kleinstädtischen Bereichen, in denen die Funktionalisierung nicht soweit fortgeschritten ist, dafür aber auch andere Nachteile (große Entfernungen usw.) in Kauf genommen werden müssen.

Auch wenn hier nur einige Aspekte der sozialen Umwelt des Großstadtkindes behandelt wurden, kann man ohne Übertreibung sagen, daß die kindliche Lebenswelt in der Großstadt quantitativ und qualitativ großen Einschränkungen unterworfen ist und relativ wenig Erfahrungs- und Erlebnismöglichkeiten bietet. Quantitativ eingeschränkt durch den Straßenverkehr, die Verplanung aller Flächen, die Beschränkung auf offiziell zugewiesene Räume, qualitativ verarmt durch den Verlust an Straßenöffentlichkeit und den Rückzug der Erwachsenen aus dem Wohnumfeld als Folge der Funktionalisierung fast aller Lebensbereiche. Das Großstadtkind wird so in der Bewältigung wichtiger Entwicklungsaufgaben in dieser Altersstufe eingeschränkt. Die Erschließung des Nahraums, das zeitlich begrenzte Lösen vom ökologischen Zentrum der Familie fällt aufgrund der Strukturen des Wohnumfeldes schwer. Auch für das Zusammensein mit der Gleichaltrigengruppe ohne die ständige Kontrolle durch Erwachsene gibt es wenig *Raum*. Die Straße, das Wohnumfeld als wichtiger Sozialisationsbereich ist aber gerade für Kinder und Jugendliche von großer Bedeutung: „Keine Altersgruppe benutzt diesen Raum soviel, so intensiv, wie es die 6-18jährigen tun; und was die Kinder und Jugendlichen an diesem Ort alles lernen, läßt sich in seiner Bedeutung durchaus mit den Lernorten 'Schule' und 'Familie' gleichsetzen." (Zinnecker 1979, S. 727)

Jüngere Jugendliche — Kinder der Straße

Der Begriff *jüngere Jugendliche* wird sehr ungenau benutzt und ist selbst eine Hilfskonstruktion, um ein bestimmtes Phänomen zu beschreiben. Als jüngere Jugendliche sollen in diesem Zusammenhang ältere Kinder bezeichnet werden, die aufgrund ihrer Entwicklung und ihrer Lebenssituation frühzeitig jugendtypische Verhaltens- und Ausdrucksweisen übernehmen, die oft hin- und hergerissen sind zwischen kindlichen und jugendlichen Anteilen in ihrem Verhalten. Zu dieser Entwicklung beitragen können Faktoren wie z. B. der frühzeitige Funktionsverlust der Familie als beschützender Raum für Kinder, aber auch eine städtische Lebenswelt, die Kindern wenige Erfahrungs- und Erlebnisräume bietet und sie deshalb auf die Straße angewiesen macht. In einer Berliner Untersuchung werden sie auch *Lücke*-Kinder genannt, weil sie auch in eine Lücke der *Versorgung* durch sozialpädagogische Institutionen fallen, zu alt oder unbequem für den Hort, zu jung und auch unbequem für das Jugendhaus (Friedrich u. a. 1984). Eine genaue altersmäßige Definition des Phänomens der jüngeren Jugendlichen läßt sich schwer finden. Gemeint sind ungefähr 9-14jährige Kinder mit der Einschränkung, daß es sich bei diesen jüngeren Jugendlichen um ein Großstadtphänomen handelt, abhängig vor allem von den familiären Bedingungen. Das heißt, daß es natürlich auch 12- und 13jährige Großstadtkinder gibt, die von ihrem Verhalten her eher der traditionellen Beschreibung älterer Kinder entsprechen und jugendliches Verhalten in der beschriebenen Weise noch nicht zeigen. In einer weiteren Berliner Untersuchung über „Kinder und Jugendliche in der Großstadt" heißt es: „Jüngeren Kindern werden durch gesetzliche Auflagen — wie auch immer — Spielplätze gesichert, ältere Jugendliche finden in Jugendfreizeitstätten, bei Vereinen usw. ein pädagogisches Angebot vor. Ältere Jugendliche können durch zugestandene Freiheiten und einen Zuwachs an Mobilität selbst auch aktiver sein und eigene Interessen verfolgen. Kinder und Jugendliche zwischen 9 und 14 Jahren fallen hier in eine Lücke. So gibt es eigentlich nichts für diese Altersstufe." (Harms u. a. 1985, S. 358)

Auch in der wissenschaftlichen Forschung wurde diese Altersstufe lange Zeit vernachlässigt. Sie wurde als *Latenzzeit* bezeichnet, in der sich im Vergleich zu den entwicklungspsychologisch bedeutenderen Phasen der frühen Kindheit und des Jugendalters relativ wenig ereignet. Diese Einschätzung kann heute immer weniger aufrechterhalten werden. Ein wesentliches Kriterium für die Entstehung des Phänomens der jüngeren Jugendlichen ist auch die Vorverlegung der sexuellen Entwicklung; so hat sich das mittlere Menarchealter bei Mädchen beispielsweise von 14,6 Jahren (1939) auf 12,5 Jahre (1970) verschoben. (Melzer u. a. 1982, S. 4) Neben der vorzeitigen körperlichen Reifung führt aber auch das Phänomen der sozialen Akzeleration zu einem früheren Ende der Kindheit. Gemeint ist damit die beschleunigte Entwicklung im psychischen und sozialen Bereich, also die Übernahme jugendlicher oder erwachsener Verhaltensweisen in vielen Lebensbereichen. Hier spielen sicher auch der Einfluß der Medien und große wirtschaftliche Interessen eine wichtige Rolle. So wurden die älteren Kinder in den letzten Jahren immer stärker von der Werbung entdeckt und als eigene Konsumentengruppe aufgebaut. Dabei ist auch die Zeitschrift *Bravo* ein wichtiger Motor, sie hat wie keine andere Jugendzeitschrift gerade diese Altersstufe angesprochen und zur Entwicklung einer Massenkultur noch vor dem eigentlichen Jugendalter beigetragen, die heute über einen *eigenen* Musikgeschmack ebenso verfügt wie über die entsprechende Mode. Die *Teenies* sind eine eigene Zielgruppe verschiedenster Märkte geworden, und es nimmt deshalb kaum Wunder, wenn das Institut für Jugendforschung der *Bravo* feststellt: „Das Phänomen der Akzeleration weist darauf hin, daß die Jugendlichen in immer früheren Jahren immer ernster zu nehmen sind. Die aufgezeigte Bedeutung der Jugendlichen als selbstbestimmende Konsumenten sowie als mitbestimmende Konsumenten in der Familie und als erwachsene Konsumenten der Zukunft zeigt, daß gezieltes Jugendmarketing nicht nur sinnvoll und wichtig ist, sondern auch lohnend." (Melzer 1982, S. 35) Nun soll hier nicht in einseitiger Verkürzung wie bei Neil Postmann behauptet werden, daß das „Verschwinden der Kindheit" nur auf den Einfluß der Medien oder der Werbung zurückzuführen ist. Dennoch kann man wohl sagen, daß beide Bereiche wichtige Agenturen einer gesellschaftlichen Entwicklung sind, in der die Jugendphase aufgrund vieler Faktoren früher beginnt und die Kindheit für einen Teil der Großstadtkinder nicht mehr dem traditionellen Muster entspricht.

Die Entwicklungsaufgaben dieser Altersstufe liegen vor allem im Bereich der geistigen Entwicklung und, sozial-ökologisch gesehen, in der Erweiterung ihres Handlungsraumes. So beginnt nach dem Modell Jean Piagets mit ca. 12 Jahren die Entwicklung des abstrakten Denkens, welches eine wesentliche Erweiterung der früher erworbenen Fähigkeit zu „konkreten Operationen" (6-12 Jahre) bedeutet. Diese Entwicklungsschritte sind vor allem für die Schule von großer Bedeutung, denn gerade in der Altersspanne der 9-14jährigen werden im deutschen Schulsystem entscheidende Lernleistungen verlangt. Erikson hat diese Altersstufe nicht umsonst auch Schulalter genannt. Im sozial-ökologischen Modell bewegen sich die älteren Kinder zwischen verschiedenen Zonen, wobei es für sie um eine Erweiterung ihres Handlungsraumes gegenüber der früheren Kindheit geht. Dabei spielt die Gleichaltrigengruppe eine immer wichtigere Rolle, und die Erwachsenen haben an Einfluß verloren. Es soll im Folgenden vor allem um die Frage gehen, wie die jüngeren Jugendlichen in der großstädtischen Lebenswelt ihren Handlungsraum erweitern und sich damit ihre Lebenswelt erschließen können. Martha Muchow hat in ihrer Untersuchung von 1935 den Handlungsraum von Schülern verschiedener Schultypen untersucht. Dabei stellt sie fest, „daß zwischen dem 13. und 14. Lebensjahr eine Zunahme des Streifraums um 35 Prozent stattfindet (er steigt bei Volksschülern von durchschnittlich 85,5 km auf durchschnittlich 115,6 km)" (Muchow 1978, S. 17), wobei es große Unterschiede zwischen Jungen und Mädchen gibt.

Aber auch Martha Muchow beschreibt die Begrenzung des Spiel- und Streifraums durch große Straßen und andere Barrieren. Dennoch überrascht die Größe des Raumes, der damals von Kindern dieses Alters durchstreift wurde.

Dagegen stellen die Autoren des Lücke-Projektes fest: „Die tatsächliche Mobilität der Kinder ist — bis auf wenige Ausflüge in weiter entfernte Parks — äußerst gering; gleichzeitig äußern die Kinder aber ein starkes Bedürfnis nach Erkundungen (Fahrradtouren, U-Bahnfahrten, Spaziergänge in unbekannte Stadtteile)." (Friedrich u. a. 1984, S. 107) Ihr Handlungsraum wird heute wesentlich stärker als zur Zeit der Untersuchung Martha Muchows durch Straßen usw. eingeschränkt. Auch die Autoren der zweiten Berliner Untersuchung schreiben: „Die Interviewergebnisse zeigen, daß sich Kinder und Jugendliche im Falkenhagener Feld (Trabantenstadt in Berlin, Anm. d. Verf.) auf die ihnen zugewiesenen Spielplätze in starkem Maße bezogen. Allen Kindern und Jugendlichen zwischen 9 und 14 Jahren war eine offen ablehnende Haltung gegenüber der Gestaltung der Spielplätze gemeinsam." (Harms u. a. 1985, S. 370) Hier wird deutlich, daß das Bedürfnis, den eigenen Handlungsraum zu vergrößern, zu einer Ablehnung bisher akzeptierter *Spielplätze* führt, die Einengung durch die städtische Lebenswelt diese Erweiterung aber behindert. Großstadtkinder wie in Berlin sind deshalb auf Ausweichmöglichkeiten angewiesen, die sie sich erschließen können, wie z. B. S-Bahngelände und Abrißhäuser als spezielle Berliner Möglichkeiten oder Containerplätze, Kaufhäuser usw. Die im vorigen Abschnitt genannten Einengungen des kindlichen Lebensraumes in der Stadt spielen in der Altersstufe der jüngeren Jugendlichen sicher auch eine wichtige Rolle. Lothar Krappmann spricht von einer „Gefährdung des Sozialisationsprozesses älterer Kinder". Er meint damit vor allem den fehlenden *Raum* für die Auseinandersetzung und das Zusammensein mit Gleichaltrigen: „Unsere Städte bieten den älteren Kindern wenig Raum, wo sie unkontrolliert und doch nicht schon am Rande des Zulässigen spielen und streiten können." (Krappmann 1982, S. 265) Diesen Raum kann man in pädagogischen Institutionen nur ungenügend herstellen, weil die Anwesenheit von Erwachsenen für die Interaktion in der Gleichaltrigengruppe ungeeignet ist:

„Aus dieser Sicht ist für die Sozialisationsprozesse der Kinder durchaus nicht unproblematisch, daß ein größerer Teil von ihnen auch noch dazu zunehmend mehr Zeit in pädagogisch orientierten Einrichtungen verbringt." (S. 264)

Jugendliche — Erweiterung des Handlungsraumes

Neben vielen anderen Entwicklungsaufgaben geht es im Jugendalter darum, den Handlungsraum wesentlich zu erweitern, um sich im Prozeß der Identitätsbildung neue Erfahrungs- und Erlebnisräume außerhalb von Familie und Schule zu erschließen. Dieter Baacke hat deshalb in seinem Zonenmodell die Bedeutung der „ökologischen Peripherie" für die Entwicklung Jugendlicher betont: „Je vielfältiger und reichhaltiger die ökologische Peripherie ist, desto offener und erfahrener wird ein Heranwachsender; denn er erweitert nicht nur den Radius seines Handlungsraums, sondern erwirbt damit auch mehr Ausweichmöglichkeiten und Alternativen zu seiner unmittelbaren Umwelt." (Baacke 1980, S. 449) Es geht also auch in bezug auf Jugendliche um die Frage, inwieweit die städtische Umwelt eine solche Erweiterung ihres Handlungsraumes ermöglicht oder behindert. Inwieweit Jugendliche aber auf den Stadtteil und die Straße als Handlungsraum angewiesen sind, hängt wesentlich mit ihrer familiären Situation zusammen. Es ist zum Beispiel ein großer Unterschied, ob ein Jugendlicher zu Hause ein eigenes Zimmer hat, dort mit Freunden zusammensein kann usw. oder ob er sich zu Hause kaum aufhalten kann und immer *draußen* ist. Bei einer Untersuchung zur Lebenswelt von Hauptschülern (Projektgruppe Jugendbüro 1977) unterscheiden die Autoren zwischen „familienzentrierten" und „subkulturellen" Jugendlichen, eine Unterscheidung, die sich auch auf unterschiedliche Formen der Raumaneignung im Stadtteil bezieht. „Die kleinen Freundschaftsgruppen ermöglichen es den Familienzentrierten viel eher als der Subkultur, sich in der eigenen, in der Wohnung des Freundes oder im weiteren häuslichen Bereich, im Garten oder Keller, aufzuhalten." (PG

Jugendbüro 1977, S. 82) Die subkulturellen Jugendlichen sind dagegen viel stärker auf den Stadtteil bezogen und erobern sich Ecken und Nischen wie z. B. einen Friedhof: „Auf diesem großen, unübersichtlichen Gelände scheinen sich alle diese Leute aber so gut zu verteilen, daß unsere Jugendlichen den Eindruck haben, der Friedhof gehöre ihnen allein. Wie an keinem anderen öffentlichen Ort können sie hier für sich sein, bis auf die kurze Unterbrechung durch einen Parkwächter um 16 Uhr, ... (PG Jugendbüro 1977, S. 64) Hans Ulrich Müller, der die Lebenswelt von Jugendlichen im Vergleich von Neubausiedlung, Altstadtviertel und Kleinstadt untersucht, kommt in bezug auf die Jugendlichen zu einer ähnlichen Typologie wie die Autoren der Projektgruppe Jugendbüro und Hauptschülerarbeit. Er unterscheidet zwischen „Drinnen-" und „Draußen"-Jugendlichen. Während die „Draußen"-Jugendlichen viel stärker auf den Stadtteil hin orientiert sind und sich viel auf der Straße aufhalten, im Stadtteil ihre Treffpunkte suchen, sind die „Drinnen"-Jugendlichen mehr auf die häusliche Umgebung bezogen: „Die Wohnung — als Gehäuse der Familie — ist für die Jugendlichen zentral; hier wird gelesen, gebastelt, mit Freundin oder Freund zusammengesessen. Die Orte im Quartier, die die Mädchen und Jungen aufsuchen, sind eher kontrollierte, also der Gruppenraum, das Vereinsheim als 'Auslagerungen' der elterlichen Wohnung." (Müller 1983, S. 84) Wie Müller schon andeutet, gibt es auch in seiner Untersuchung große Unterschiede in den Formen der Umweltaneignung zwischen den verschiedenen Gruppen Jugendlicher. Obwohl diese Typologie in beiden Untersuchungen sicher schablonenhaft ist, deutet sie doch für unseren Zusammenhang eine wesentliche Frage an: Die Formen der Umweltaneignung und das Angewiesensein auf den Stadtteil hängen wesentlich von den familiären Rückzugsmöglichkeiten ab. Die Frage, welche Funktion ein Jugendhaus in der Lebenswelt von Kindern und Jugendlichen haben kann, wird damit auch wesentlich von deren familiärer Situation bestimmt. Dabei ist die familiäre Situation nur ein Aspekt, hinzu kommt zum Beispiel auch die schulische Situation: „Nicht alle Hauptschüler waren der Institution Schule in gleicher Weise entfremdet. Während die einen mit Apathie oder Auflehnung auf Schulunterricht reagierten und damit anzeigten, daß und wie sie unter Schule litten, waren andere Jugendliche ohne Anzeichen größerer Konflikte bereit und imstande, sich mit den schulischen Leistungs- und Verhaltensanforderungen zu identifizieren." (Liebel 1981, S. 559)

Wie stark die Formen der Umweltaneignung, die konkreten Verhaltensweisen im Stadtteil aber durch dessen Struktur und Bedingungen geprägt werden, stellt sich im Vergleich zwischen Neubausiedlung, Altstadtviertel und Kleinstadt heraus.

Ich will hier besonders auf den Unterschied zwischen Altstadtviertel und Neubausiedlung eingehen. Die oben beschriebene Struktur von Neubausiedlungen oder Trabantenstädten wirkt sich auf die Jugendlichen in mehrerer Hinsicht aus: „Den Jugendlichen steht kein sie anregendes, Neugier verursachendes Treffpunkt-Gefüge gegenüber, wo sie ihre Bedürfnisse nach Kontakt und Erfahrung mit Gleichaltrigen ausleben könnten oder wo sie Möglichkeiten fänden, sich mit Erwachsenen aus dem Quartier auseinanderzusetzen." (Müller 1983, S. 102) Im Gegensatz dazu sieht Müller im Altstadtviertel eine Fülle von Anregungsmöglichkeiten, die aber aufgrund der vielen verschiedenen Gruppen und Cliquen umkämpft sind und von den Jugendlichen ein hohes Maß an Risikobereitschaft verlangen. Es sind deshalb vor allem „Draußen"-Jugendliche, die sich den Cliquen im Stadtteil anschließen. Diese Feststellung entspricht auch den Ergebnissen der Untersuchung zur Lebenswelt von Hauptschülern: „Während die Subkultur sich in ihrem Element fühlt, wo in komplexen sozialen Beziehungen gelebt und agiert wird, wo sozial 'etwas los ist', brauchen die Familienzentrierten häufiger eine übersichtliche Atmosphäre der Ruhe und Beschaulichkeit, die es ihnen gestattet, auf gespannte soziale Reaktionsbereitschaft zu verzichten und sich quasi zur Erholung auch einmal unbelebten Dingen zuzuwenden." (PG Jugendbüro 1977, S. 81) Gerade diese Cliquen sind in der Trabantenstadt der ständigen Kontrolle durch Erwachsene ausgesetzt, aufgrund fehlender *Räume* müssen sie mit anderen Gruppen und Altersstufen um die wenigen Plätze konkurrieren, die es gibt, und nehmen z. B. den Kindern deshalb Spielplätze weg. Die totale *Öffentlichkeit* einerseits, bedingt durch die Einsehbarkeit fast aller Flächen, und die totale Verplanung und

Bebauung und das Fehlen sozialer Kontrolle durch Nachbarschaft und den Rückzug der Erwachsenen aus dem Wohnumfeld auf die Wohnungen machen jugendliches Verhalten auffällig.

Der Ruf nach der Polizei wird viel früher laut, als dies im Falle intakter sozialer Beziehungen in der Nachbarschaft und ausreichender Räume für Jugendliche der Fall wäre: „Da braucht nur eine Gruppe von Jugendlichen zusammenzustehen und zu rauchen. Schon kommt die Polizei vorbei und fragt, ob sie schon 16 sind. Wenn nicht, wird gleich eine Notiz gemacht mit 'Angaben zur Person'". (Rollin 1979) Kriminalisierung und Stigmatisierung sind deshalb große Probleme in den Trabantenstädten. Auch wenn die Zahlen der offiziellen Jugendkriminalität aufgrund rückläufiger Geburtenjahrgänge eher zurückgehen, so bleiben die Ursachen für die Probleme doch bestehen.

Jugendliche im Altstadtviertel können dagegen mehr auf vorhandene Nischen zurückgreifen, die ihnen Schutz und Unkontrolliertheit bieten. Im Altstadtviertel stellt Müller eine Revierstruktur fest, in der das Netz der Treffpunkte und Nischen im Stadtteil verschiedenen Cliquen zugeordnet ist, zwischen denen es auch immer wieder zu Abgrenzungs- und Aneignungskonflikten kommt. Die Situation Jugendlicher im Altstadtviertel kann man nicht einfach als besser im Vergleich zur Neubausiedlung bezeichnen. Sie ist aufgrund der unterschiedlichen Strukturen anders, und dies hängt wiederum stark mit den konkreten Gegebenheiten vor Ort zusammen.

Dem sozial-ökologischen Zonenmodell folgend, ist es für Jugendliche von großer Bedeutung, sich ihre ökologische Peripherie zu erschließen, also über den Nahraum im Wohnumfeld hinaus außerhalb liegende Erfahrungs- und Erlebnismöglichkeiten zu finden, die sich durch ihre Einmaligkeit und Außergewöhnlichkeit von den Erfahrungen in ökologischen Ausschnitten wie z. B. der Schule unterscheiden. Die Eroberung ihrer ökologischen Peripherie fällt wiederum den Jugendlichen in der Trabantenstadt besonders schwer, weil die dortigen Strukturen, z. B. auch die Verkehrsbedingungen, den Handlungsraum deutlich begrenzen. Dazu wieder Müller: „Das 'Frühlingsfest' (im Stadtzentrum), ein Eiscafé, das weiter weg liegt, oder eine Tanzschule im Stadtzentrum, das 'Westbad' (auch 3 km entfernt), eine Karateschule irgendwo: alles 'Orte' für die Jugendlichen, die keine Beziehung zu ihrem Wohnquartier haben." (Müller 1983, S. 103) Die Orte und Bereiche dieser ökologischen Peripherie können selbst einen hohen Erlebnis- und Erfahrungswert haben; sie stehen jedoch in keiner Verbindung zum erlebnisarmen und treffpunktarmen Wohnumfeld, dem Nahraum in der Trabantenstadt. Dieser Nahbereich und seine Strukturen ist auch für Jugendliche wichtiger Ausgangspunkt für die Erweiterung des Handlungsraums. Müller sieht einen direkten Zusammenhang zwischen Wohnumwelt und Aneignungsmöglichkeiten der Jugendlichen: „Der Neubausiedlungs-Typ ist, um sich mit anderen zusammenzutun, auf Medien, auf *Mittler* angewiesen: auf Schule, kirchliche Jugendgruppe, Sportverein. Spontane jugendliche Gesellung ist im Quartier, in seinen Abläufen nicht 'vorgesehen'". (Müller 1983, S. 157) Jugendliche werden in ihrem Verhalten also stark von der jeweiligen Umwelt und ihren Aneignungsmöglichkeiten geprägt. Gerade der Neubaustadtteil bietet zu wenige Möglichkeiten, Verhaltensweisen auszuprobieren, ohne daß gleich die Polizei gerufen wird, sich als identische Person zu erleben, ein Gegenüber im Stadtteil zu finden: „Ihr Gegenwartsbezug äußert sich vor allem in 'action', d. h. Handlungen (auch in Formen von Vandalismus, Überschreitung von Regeln, Provokationen), die Konsequenzen erzeugen sollen und damit für den Jugendlichen zum Mittel werden, sich ihrer selbst zu vergewissern." (Becker u. a. 1983, S. 129) Wie stark die jeweilige Stadtumwelt, also der ökologische Nahbereich, die Aneignungsmöglichkeiten von Jugendlichen bestimmt und damit ihren Sozialisationsprozeß direkt beeinflußt, wird in der Untersuchung von Müller deutlich; in einer Zusammenfassung vergleicht er die verschiedenen „Präsentationen der Umwelten" in ihrer Wirkung auf den Jugendlichen: „Die Neubausiedlung, ein Quartier, das den Jugendlichen — wie ihren Familien — lediglich zum Wohnen, Schlafen und ein wenig Freizeit-Verbringen dient. Was vorhanden ist, erfüllt seinen Zweck, und es ist genug vorhanden. Die Neubausiedlung bedeutet den Jugendlichen vor allem eine grundlegende Reduktion von Möglichkeiten, ihr Leben nach eigenen Vorstellungen zu gestalten. — Das Altstadtviertel, ein Quartier, das im Gegensatz zur Neubausiedlung reich an Aktivitätsgelegenheiten ist. Das Quartier fordert den Jugendlichen Aufmerksamkeit ab, sie müssen um soziale Räume kämpfen. Sie erfahren täglich Grenzziehungen, die Menschen und Situationen voneinander trennen." (Müller, S. 98) Sicher sind die Ergebnisse der Untersuchung von Müller auf die spezielle Situation in zwei Münchener Stadtteilen bezogen und nicht pauschal zu verallgemeinern. In bezug auf die Altersstufe der 13-16jährigen Jugendlichen zeigen die Ergebnisse jedoch sehr eindrücklich, wie stark die jeweilige Umwelt die Entwicklung und das Verhalten Jugendlicher beeinflußt. Wenn im nächsten Abschnitt und Kapitel die Frage nach der Funktion des Jugendhauses gestellt wird, so ist diese nur unter dem Blickwinkel des jeweiligen Wohnumfeldes zu beantworten.

Das Jugendhaus als Bestandteil des Nahraums — typische Nutzungen und Funktionen

Lage und Einzugsbereich

Obwohl das Anne-Frank-Haus als Kinder- und Jugendzentrum für ganz Garath konzipiert wurde, kommen nur wenige Besucher aus den westlichen Stadtteilen; die meisten Kinder und Jugendlichen wohnen in den beiden östlichen Stadtteilen, zwischen denen das Anne-Frank-Haus liegt. Bei der Befragung der Besucher im Sommer 1982 ergab sich folgendes Bild: Von 283 Kindern und Jugendlichen zwischen 6 und 16 Jahren wohnten 75 im Stadtteil Nord-Ost, 166 in Süd-Ost und nur 8 in den westlichen Stadtteilen. Bei der Betrachtung der einzelnen Wohnplätze zeigte sich, daß die meisten Besucher in Straßen in unmittelbarer Nähe des Anne-Frank-Hauses wohnten. Die Gründe für diesen eingeschränkten Einzugsbereich liegen zum einen in der sozial unterschiedlichen Struktur zwischen *Osten* und *Westen* in Garath, zum anderen darin, daß das Anne-Frank-Haus für Kinder und Jugendliche aus dem *Westen* auf der anderen

Seite der großen Verkehrsschiene, also außerhalb ihres Nahraums liegt.

Der deutliche Bezug des Anne-Frank-Hauses auf Besucher aus dem unmittelbaren Wohnumfeld wird aber auch in einer großen Münchener Untersuchung bestätigt: „Unsere Zahlen belegen eindrücklich, daß der größte Teil der Besucher aus dem unmittelbaren Umfeld in einer Entfernung bis 10 Minuten kommen. Mit zunehmender Entfernung nehmen die Besucherquoten sehr schnell ab." (Jugendfreizeitstätten in München 1985, S. 72) Daß die schnelle Erreichbarkeit für die Besucher des Anne-Frank-Hauses in Zusammenhang mit der Nutzung zu sehen ist, wird deutlich, wenn man die zeitliche Nutzung genauer untersucht.

Geschlechts- und altersspezifische Nutzung

Die meisten Kinder und Jugendlichen besuchen das Anne-Frank-Haus täglich oder mehrmals in der Woche. Bei einer neuen Befragung von 99 Besuchern wurde dieser Eindruck der Mitarbeiter noch einmal deutlich bestätigt: in der Altersstufe der 6-10jährigen kommen 59% der Kinder „immer, wenn es auf hat"; bei den Jugendlichen gibt es geschlechtsspezifische Unterschiede in der zeitlichen Nutzung: Während 80% der Jungen täglich kommen, sind es bei den Mädchen nur 50%; ein Drittel der befragten Mädchen besucht das Anne-Frank-Haus unregelmäßig alle 14 Tage, eine Form der Nutzung, die bei den Jungen überhaupt nicht vorkommt. Für einen großen Teil der Kinder gehört der Besuch des Kinderclubs und für die Jugendlichen der Besuch der Spielothek abends zum festen Bestandteil ihrer Freizeitgestaltung. Diese intensive zeitliche Nutzung ist aus der Gesamtsituation der Besucher heraus zu verstehen; ihr Angewiesensein auf die Straße macht auch die Attraktivität des Jugendhauses aus. Bei der Frage, was die Besucher machen, wenn das Anne-Frank-Haus geschlossen hat, wird dieser Aspekt besonders deutlich: Zuhause bleiben von den Jüngeren nur knapp 20%, während jeweils 30% auf einem Spielplatz oder auf der Straße sind. Bei den Jugendlichen haben die Spielplätze überhaupt keine Bedeutung mehr, die meisten Jugendlichen (über 50%) halten sich auf der Straße auf. Unterschiede zwischen Jungen und Mädchen gibt es bei den Älteren in bezug auf die Nutzung der elterlichen Wohnung: fast ein Drittel der Mädchen trifft sich zu Hause mit Freunden, bei den Jungen sind es 20%, und alleine zu Hause bleiben von den Mädchen 20%, bei den Jungen sind es nur 8%.

Daß die familiäre Situation wesentlichen Einfluß auf die Nutzung eines Jugendhauses hat, wird auch in der Münchener Untersuchung deutlich. Dort beträgt die Kinderzahl in typischen „Besucherfamilien" 3,23 gegenüber 1,8 in der Gesamtbevölkerung. Die damit zusammenhängenden unterschiedlichen räumlichen Rückzugsmöglichkeiten werden im Vergleich zwischen typischen Besuchern und Nichtbesuchern so bewertet: „Offensichtlich erlaubt eine gegenüber den Besuchern entspanntere Wohnsituation — kleinere Familien, häufiger ein eigenes Zimmer — auch mehr Freizügigkeit für Besuche." (Jugendfreizeitstätten in München 1985, S. 127)

Ein großer Teil der Besucher des Anne-Frank-Hauses kommt aus sozial benachteiligten Familien mit zum Teil räumlich beengten Wohnverhältnissen und wenigen Rückzugsmöglichkeiten für die Kinder.

Bei den Kindern steht die „Spielraumfunktion" an erster Stelle ihrer Nutzung des Anne-Frank-Hauses: Auf die Frage, warum sie ins Haus kommen, antworten fast 50%,

„weil ich mit anderen spielen kann". An zweiter Stelle steht die Treffpunktfunktion, „weil ich hier meine Freunde treffe". Die verschiedenen Spielmöglichkeiten stehen bei den Kindern an erster Stelle der von ihnen bevorzugten Angebote. Bei den Jugendlichen rückt dagegen die Treffpunktfunktion in den Vordergrund. Für die Jungen steht allerdings die Spielfunktion direkt an zweiter Stelle ihrer Nutzung, was sich auch an ihrem großen Interesse an Wettkampfspielen, Turnieren usw. zeigt. Die Mädchen haben an solchen Spielen weniger Interesse. Im Gegensatz zu den Mädchen hat das Anne-Frank-Haus für die Jungen auch die Funktion, daß sie sich dort treffen, um dann „woanders hinzugehen". Die geschlechtsspezifischen Unterschiede in der Nutzung drücken sich auch in der unterschiedlichen Bewertung der räumlichen Möglichkeiten aus: Schon bei den Kindern bevorzugen die Jungen eindeutig den großen Saal mit seinen Spielmöglichkeiten, während die Mädchen klar auf den Spielraum und die dortigen Spiele fixiert sind. Bei den Älteren steht wiederum der Saal an erster Stelle für die Jungen, während die Mädchen sich lieber in der Teestube aufhalten. Auch in der Spielothek abends werden diese Unterschiede noch deutlich: die Jungen sind auch dort viel häufiger im Saal, die Mädchen halten sich dagegen meist an den Tischen in der Eingangshalle auf.

Zusammenfassend läßt sich sagen, daß die schnelle Erreichbarkeit und die tägliche Nutzung das Anne-Frank-Haus für viele Kinder und Jugendliche zum festen Bestandteil ihres Nahraums werden läßt. In einer Trabantenstadt ist ein Jugendhaus nicht eine Möglichkeit von vielen, sondern eine von wenigen Treff- und Spielmöglichkeiten. Auch aufgrund der familiären Situation und der mangelnden Rückzugsmöglichkeiten zu Hause und im Stadtteil übernimmt das Jugendhaus eine wichtige räumliche Funktion. Selektiver Besuch findet deshalb kaum statt und ist bei den Mädchen aufgrund ihrer geschlechtsspezifischen Erziehung und der stärkeren häuslichen Orientierung zu verstehen. Die Besucher sind „Stammbesucher", die das Jugendhaus auch nutzen, um von dort aus eigene Aktivitäten zu starten.

3. Konzeptionelle Grundpositionen und die Rolle der Mitarbeiter

Das Mandat einer offenen Arbeit mit Kindern und jüngeren Jugendlichen

Das Mandat einer offenen Jugendarbeit mit Kindern und jüngeren Jugendlichen kann aufgrund ihrer Lebenswelt nur heißen, ihnen im Jugendhaus Erlebnis- und Erfahrungsräume zu sichern und zu erschließen, in denen sie soziale Erfahrungen mit sich und anderen machen können. Das Jugendhaus kann für sie zum Ausgangspunkt für die für ihre Entwicklung so wichtigen Versuche werden, sich ihre Lebenswelt zu erschließen und anzueignen. Das Jugendhaus kann ihnen mit seinen vielfältigen Ressourcen Hilfestellungen für die Bewältigung ihrer Probleme und Konflikte geben, die sie in der heutigen Gesellschaft dringend brauchen, um Identität entwickeln und zu einer emanzipierten Persönlichkeit werden zu können.

Die offene Arbeit hat für diese Altersstufe teilweise eine Ersatzfunktion, denn sie besuchen die Jugendeinrichtungen vor allem deshalb viel stärker als früher, weil sie aufgrund der sich verändernden städtischen Lebensräume immer weniger „natürliche" Orte finden, an denen sie für sie wichtige Erfahrungen machen können. Kinder und jüngere Jugendliche sind immer stärker auf Ausweichmöglichkeiten angewiesen, und dazu gehören auch die Jugendhäuser.

Bei der Arbeit mit dieser Altersstufe handelt es sich also weniger um eine bewußt übernommene Aufgabe offener Jugendarbeit als vielmehr um eine aufgrund gesellschaftlicher Veränderungen von außen vorgenommene Funktionsbestimmung. Und genau wie beim Problem der Jugendarbeitslosigkeit, das innerhalb der offenen Jugendarbeit nicht lösbar ist, muß auch in bezug auf die Problematik der offenen Arbeit mit Kindern und jüngeren Jugendlichen mit aller Deutlichkeit gesagt werden, daß die Probleme dieser Altersstufe nicht im Jugendhaus zu lösen sind, daß ein Jugendhaus nie Ersatz für eine erlebnis- und erfahrungsreiche Umwelt sein kann. Die Unwirtlichkeit unserer Städte, die Funktionalisierung der Lebensbereiche, das Verschwinden des kindlichen Lebensraums im Stadtteil kann durch sozialpädagogische Maßnahmen nicht aufgefangen werden.

Schaut man bei der Suche nach einer Konzeption für die offene Arbeit mit Kindern und jüngeren Jugendlichen in die Literatur zur Jugendhausarbeit, so findet man so gut wie nichts. Auch in letzter Zeit ist das kaum anders; die Thematik offener Jugendarbeit macht sich an den Problemen und der veränderten Lebenswelt älterer Jugendlicher fest. So hat Helmut Lessing in einem viel beachteten Aufsatz die gesellschaftliche „Freisetzung von Arbeit" und die daraus resultierende Arbeitslosigkeit und „Unterbeschäftigung" vieler Jugendlicher auf die offene Jugendarbeit bezogen. Für ihn wird die „Situation in der Offenen Jugendarbeit von Jugendlichen geprägt, die unterbeschäftigt sind oder, wenn sie jünger sind, dies (meist mit Angst) erwarten" (Lessing 1984, S. 451). Unterbeschäftigung bedeutet für Lessing nicht nur Arbeitslosigkeit, sondern auch die Abschiebung von Jugendlichen in staatliche Maßnahmen, die Beschäftigung in ungesicherten Stellen usw. Da offene Jugendarbeit Bestandteil der individuellen und gesellschaftlichen Reproduktion ist, muß sich ihre Funktion in dem Maße verändern, in dem immer mehr Jugendliche nicht mehr am Produktionsprozeß beteiligt sind. Die Reproduktions- und Regenerationsfunktion, die offene Jugendarbeit für Jugendliche entwickelt hat, wird für unterbeschäftigte Jugendliche fragwürdig, denn „für sie ist die Arbeit nicht mehr das primäre Mittel zum Lebensunterhalt; im Gegenteil zur Mehrheit der arbeitenden oder der dem Arbeitsethos verpflichteten Bevölkerung hat Arbeit für sie nicht die Bedeutung einer den Alltag strukturierenden Erfahrung mit einer spezifischen Zeitfolge, spezifischen sozialen Beziehungen sowie einer über das Individuum hinausgehenden sozialen Leistung." (Lessing 1984, S. 452) Offene Jugendarbeit als Freizeitpädagogik mit dem klassischen Repertoire zwischen Kicker und Disco kann an die Lebenslage unterbeschäftigter Jugendlicher kaum anknüpfen, denn für sie „ist die traditionelle Vorstellung von Freizeit und Jugendarbeit überholt" (S. 450).

In Hinblick auf unterbeschäftigte Jugendliche formuliert Helmut Lessing einen neuen Ansatz offener Jugendarbeit als „Wi(e)deraneignung von Arbeit, Umwelt und Kultur". So wie er es am Beispiel einer Lehrwerkstatt beschreibt, sieht Lessing die Perspektiven offener Arbeit in der Bereitstellung ihrer Ressourcen für solche Wiederaneignungsprozesse, die den Freizeitbereich überschreiten und zu einem gemeinsamen Leben und Arbeiten von Mitarbeitern und Jugendlichen führen.

Während die Situation der älteren Jugendlichen vor allem durch Ausbildung und Beruf oder durch fehlende Ausbildungs- und Arbeitsmöglichkeiten bestimmt ist, wird die Lebenswelt der 6-16jährigen durch die Institution Schule determiniert. Der zeitliche Rhythmus des Schulbesuchs strukturiert nicht nur ihren Alltag und den Tagesablauf, sondern die Institution Schule prägt mit ihren Normen, Regeln und Inhalten auch wesentliche Erfahrungen in diesem Alter. Die Auswirkungen einer kopflastigen und lebensfremden Schule können dabei ebenso entfremdend sein wie die Erfahrungen 17jähriger Jungarbeiter im Betrieb. Dies ist besonders bei Haupt- und Sonderschülern der Fall. Gerade für die Altersstufe der jüngeren Jugendlichen bildet die heutige Schule mit ihrem breiten Fächerkanon und ihrer großen zeitlichen Beanspruchung eine eigene Lebenswelt außerhalb der Familie. „In dieser Separation über die Schule und durch die nivellierende Wirkung der Schülerjahrgänge entwickelt sich für diese Altersgruppe der 9-15jährigen so etwas wie ein eigener, den Alltag bestimmender Lebenszuschnitt: das 'Schülersein'". (Böhnisch, S. 11)

Die Lebenssituation von Kindern und Jugendlichen im Schulalter ist deshalb kaum mit der Situation älterer, schulentlassener Jugendlicher zu vergleichen. Daß diese Altersgruppe von der *Enteignung* sozialer Räume, der Einengung ihrer Erlebnis- und Erfahrungsräume besonders betroffen ist, habe ich im letzten Kapitel zu zeigen versucht.

Bei der Suche nach einer Konzeption offener Arbeit spielen die skizzierten Unterschiede in der Lebenswelt eine große

Rolle: Die Problematik der nachschulischen Lebensphase, der Unterbeschäftigung und des immer schwerer gelingenden Übergangs in eine gesellschaftlich anerkannte Erwachsenenrolle nimmt Lessing in seinen Ansatz von Jugendarbeit als „Wi(e)deraneignung" auf. Die Problematik des „Schülerseins", das Phänomen der „jüngeren Jugendlichen" muß zu einem eigenen Ansatz offener Jugendarbeit führen, zu einer Konzeption, die in den folgenden fünf konzeptionellen Grundpositionen beschrieben wird.

Im Jugendhaus eignen sich Kinder und Jugendliche Räume an

Die Geschichte vieler Jugendhäuser ist die eines permanenten Kampfes um Raum. Der Begriff Raum bedeutet dabei mehr als die Inbesitznahme eines einzelnen Raumes im Jugendhaus, um den es oft genug geht, sondern meint das ganze Jugendhaus als Raum, in dem sich Kinder und Jugendliche bewegen, sich in Szene setzen, als Clique auftreten, sich von anderen absetzen und neue Verhaltensweisen ausprobieren können. Jugendliche benutzen Symbole, um sich Räume oder Bereiche im Jugendhaus anzuzeigen, und sie verteidigen sie beim Zugriff anderer Gruppen. Es geht auch um die stoffliche Ausgestaltung eines Jugendhauses, die damit vorgenommenen Situationsdefinitionen seitens der Pädagogen und die sich daraus ergbenden Konflikte. Daß das räumliche Arrangement eines Jugendhauses, seine Ausgestaltung und seine räumlichen Möglichkeiten von großer Bedeutung für das Leben in einem Jugendhaus sind, wurde schon 1973 in einer großen empirischen Untersuchung der Jugendfreizeitstätten von Grauer formuliert: „Für die in den Häusern verkehrenden jugendlichen Besucher und für das Personal vermitteln alle diese Faktoren (des räumlichen Arrangements, Anm. d. V.) gemeinsam den Eindruck eines bestimmten Stils, einer vorherrschenden Atmosphäre." (Grauer 1973, S. 60) In der Praxis bedeutet dies, daß es einen großen Unterschied in der Atmosphäre und im Stil, aber auch in den pädagogischen Aktivitäten zwischen verschiedenen baulich strukturierten Jugendhäusern geben kann. So führen die räumlichen Gegebenheiten in vielen Altbaujugendhäusern zum ständigen Renovieren und Umbauen mit einzelnen Gruppen oder neuen Besuchergenerationen, die sich das Jugendhaus jeweils nach ihrem Geschmack herrichten. Die Entwicklung einer solchen „Baupädagogik" ist in einem Neubau nicht möglich, vor allem dann nicht, wenn die Räume wie bei vielen freien Trägern multifunktional genutzt werden.

Angebote und Inhalte, ja die Konzeption einer offenen Jugendarbeit werden wesentlich durch *äußere* Bedingungen wie Räume, Ausstattung und Einrichtung bestimmt.

Der Kampf um Raum war auch einer der wichtigsten Motoren der Jugendzentrumsbewegung. Autonome, selbstverwaltete Räume waren das Ziel der meisten Initiativen, und oft stellte sich eine gewisse Ratlosigkeit über die Frage der Inhalte der Arbeit ein, wenn die Räume in Besitz genommen waren und wenn dann eine neue Generation von Jugendlichen ins Haus kam, die diesen Kampf nicht miterlebt hatte und nun ihrerseits Raumansprüche an die Gründergeneration stellte.

Eine besondere Bedeutung erhält das Jugendhaus als Aneignungsraum für solche Kinder und jüngere Jugendliche, die unter einer großen Einengung ihrer Erfahrungs- und Erlebnismöglichkeiten in ihrem Wohnumfeld leiden. Der *Kampf um Raum* zwischen verschiedenen Gruppen, die Suche nach unkontrollierten Ecken und Nischen im Stadtteil bezieht auch das Jugendhaus mit ein. Was sich sonst in Gärten, auf leeren Grundstücken, aber auch in einer lebendigen „Straßenöffentlichkeit" abspielte, nämlich das für Kinder und Jugendliche so wichtige Lösen vom ökologischen Zentrum der Familie, die Inbesitznahme von Räumen, das Erschließen von ökologischen Ausschnitten, das Ausprobieren von neuen Verhaltensweisen und die Auseinandersetzung mit Gleichaltrigen und Erwachsenen, geschieht heute mehr als früher im Jugendhaus. Aufgrund der Veränderungen in der Lebenswelt von Kindern und Jugendlichen verändert sich auch die Funktionsbestimmung von Jugendhäusern in der Weise, daß Kinder und Jugendliche sie als *Streifräume* benutzen, sie als öffentliche Räume betrachten, die sie sich anzueignen versuchen und die sie in ihren ökologischen Nahraum miteinbeziehen. Sie interessieren sich dabei zunächst weniger für die pädagogischen Angebote und die Mitarbeiter, sondern mehr für die Aneignungsmöglichkeiten, die ein Haus bietet. Sie tauchen z. B. mit ihrer neuen Clique auf, besetzen kurz einen Raum, zeigen neue Verhaltensweisen, grenzen sich durch Musik, Gestik und Symbole von anderen Cliquen ab und verschwinden dann wieder. „Statt nach dem pädagogischen oder Bildungswert lassen die Problemlagen Jugendlicher mehr nach dem 'Gebrauchswert' offener Einrichtungen und Angebote für ihren Alltag fragen"; diese Feststellung von Richard Münchmeier in bezug auf ältere Jugendliche läßt sich auch auf Kinder und jüngere Jugendliche übertragen: Kinder und jüngere Jugendliche drängen dort vermehrt in die Jugendhäuser, wo aufgrund der sozial-ökologischen Bedingungen im Stadtteil ihre Chancen, sich Umwelt anzueignen, besonders eingeschränkt sind, so z. B. in den Trabantenstädten der 60er Jahre, wo es kaum noch unverplante, unbebaute Flächen gibt. Diese Belastung trifft solche Kinder und Jugendliche um so stärker, die aus sozial benachteiligten Familien kommen, denen zu Hause wichtige Bezugspersonen und Rückzugsmöglichkeiten in jeder Hinsicht (sowohl räumlich als auch emotional) fehlen. Für sie übernimmt das Jugendhaus eine wichtige Funktion; ihr Besuch erfolgt nicht selektiv zu bestimmten Veranstaltungen, sondern sie besetzen das Haus als Aneignungsraum, kommen täglich und bleiben vom Anfang bis zum Ende.

Bei der Frage, welche Funktion ein Jugendhaus unter dem Aspekt der Raumaneignung übernehmen kann, fällt der Blick zunächst wieder auf die Literatur über die offene Arbeit mit älteren Jugendlichen. Becker und andere haben diesen Aspekt besonders deutlich herausgearbeitet und setzten sich gegenüber Ansätzen von Jugendarbeit ab, die die Raumaneignungsversuche Jugendlicher nur als Mittel zum Zweck der „eigentlichen" pädagogischen Arbeit sehen: „Immer wurde also in der Literatur bzw. in der jugendpolitischen Praxis an Räume vorwiegend nur im Sinne einer mehr oder weniger günstigen Bereitstellung für bestimmte Benutzergruppen gedacht, im Sinne einer Plattform für bestimmte Aktivitäten, denen sich die eigentliche Aufmerksamkeit zuzuwenden habe." (Becker u.a. 1984, S. 29)

Auch heute ist dies vielfach noch die Konzeption offener Arbeit; der offene Bereich dient dazu, Kinder und Jugendliche ins Haus zu bringen, wo sich diese dann möglichst bald einer der bestehenden Gruppen anschließen sollen, denen auch die Hauptarbeit der Mitarbeiter gilt. So gut die praktische Arbeit in den Gruppen auch sein mag, bei diesem Ansatz wird das Bedürfnis zur Raumaneignung, welches die Kinder und Jugendlichen in die Häuser treibt, als Mittel zum Zweck mißbraucht. Becker u.a. fordern für die offene Arbeit mit Jugendlichen: „Demgegenüber muß gerade in einer Zeit reduzierter Entwicklungsmöglichkeiten Jugendlicher, aber auch der ökonomischen Krise der Jugendfreizeiteinrichtungen an der Forderung festgehalten werden, daß nur im Rahmen von Konzepten offener Jugendarbeit Jugendliche die Chance haben, in ihren jeweiligen Gruppen- und Cliquenzusammenhängen ihre Sozialräume autonom zu konstituieren." (Becker u.a. 1984, S. 137)

Während sich die Aneignungsversuche älterer Jugendlicher meist auf konkrete Räume im Jugendhaus und deren Überlassung beziehen, sind die Aneignungsversuche von Kindern und jüngeren Jugendlichen diffuser und verändern sich häufig mit den immer wieder wechselnden Beziehungen zu Gleichaltrigen, Cliquen und Gruppen. Welche Funktionen kann ein Jugendhaus als Aneignungsraum nun für diese Altersstufe übernehmen?

— Ein Jugendhaus muß zunächst Räume zur Verfügung stellen, in denen sich Kinder und Jugendliche wohlfühlen können, die nach ihrem Geschmack oder auch mit ihnen zusammen eingerichtet und ausgestattet werden. Dieser banal klingende Satz bezieht sich auf eine Wirklichkeit von Jugendhäusern, die so aussieht, daß Kinder in Räumen spielen, die dem Geschmack älterer Jugendlicher oder der Mitarbeiter entsprechen, ihnen aber wenige Möglichkeiten bieten.

— Die Räume eines Jugendhauses müssen für die Besucher auch zeitlich in angemessener Weise verfügbar sein und nicht nur zweimal in der Woche oder zu besonderen Veranstaltungen geöffnet werden. Auch dies ist eine einleuchtende Rahmenbedingung für die offene Arbeit; soll das Jugendhaus in der Lebenswelt von Kindern und jüngeren Jugendlichen eine Rolle spielen, zu deren ökologischem Nahraum gehören oder als ökologischer Ausschnitt wichtige Erfahrungen möglich machen, so geht dies nur durch eine kontinuierliche umfassende Öffnungszeit.

— Die Räume eines Jugendhauses sollten für unterschiedliche Bereiche offener Arbeit (informeller Bereich, handwerklich-technischer Bereich, sportlich-motorischer Bereich usw.) ausgestattet sein. In einem Jugendhaus, das aus zwei Kellerräumen besteht, in denen „Alles" stattfindet, wird man kaum ein Konzept offener Arbeit entwickeln können, das die unterschiedlichen Interessen und Bedürfnisse der verschiedenen Alters- und Sozialgruppen auch differenziert anzusprechen in der Lage ist.

— Kinder und jüngere Jugendliche brauchen Räume, die den Interessen und Bedürfnissen ihrer Entwicklung genügend *Raum* bieten. Ein Discoraum, der nach dem Geschmack von älteren Jugendlichen gestaltet wurde, wird für offene Arbeit mit Kindern und jüngeren Jugendlichen nur bedingt brauchbar sein. Kinder brauchen *Spielräume*, in denen sie genügend Platz und Material vorfinden. Jüngere Jugendliche brauchen aufgrund ihrer oft ambivalenten Situation zwischen Kind und Jugendlichem Räume, in denen sie sowohl die kindlichen als auch die jugendlichen Anteile ihres Verhaltens ausleben können. Hierzu kann ein Spielraum ebenso gehören wie ein Raum, den sie selbst gestalten können. Obwohl ihre Cliquen- und Gruppenbeziehungen oft wechseln und es schwierig ist, feste Gruppen auszumachen, sollte es zumindest zeitweise möglich sein, solchen Cliquen Räume zur selbstbestimmten Gestaltung zu überlassen.

— Kinder und jüngere Jugendliche brauchen im Jugendhaus *Schutzräume*, in denen sie vor den ständigen Übergriffen und Einmischungen älterer Jugendlicher und Erwachsener geschützt sind, um ihre eigenen Beziehungen entwickeln zu können.

Der Problematik der sogenannten jüngeren Jugendlichen sollte auch deshalb im Jugendhaus Rechnung getragen werden, damit ihre Verhaltensweisen nicht einseitig auf die älteren Jugendlichen im Haus oder die „Kleinen", von denen sie sich deutlich abgrenzen wollen, festgelegt werden. Dazu ein Beispiel:

An manchen Tagen kommt Axel (12 Jahre) zur Bastelecke im Spielraum und *drückt* sich dort herum, um erst mal zu sehen, was dort gemacht wird. Dabei läßt er Bemerkungen fallen in der Art „Was für ein Kinderkram" oder ähnliches. Einige Zeit später sitzt er dann mit am Tisch und bastelt ebenfalls Ketten. An anderen Tagen, wenn er zusammen mit Jugendlichen kommt, gibt er sich ganz jugendlich und geht lieber gleich in die Teestube. Die Bastelecke ist deshalb für Axel und andere jüngere Jugendliche interessant, weil dieser relativ geschützt liegt und sie sich nicht dauernd beobachtet fühlen.

Die Rolle des Mitarbeiters in dieser konzeptionellen Grundposition ist in mehrerlei Hinsicht problematisch. Versucht er die Aneignungsversuche der Besucher zu unterstützen, so kann er zwischen die Fronten geraten, denn als

Angestellter des jeweiligen Trägers ist er als „Raumwärter" auch verantwortlich für die zielgerechte Nutzung der ihm anvertrauten Räume. Die Raumaneignungsversuche verschiedener Besuchergruppen im Haus führen oft zu Konflikten zwischen Besuchern, bei denen der Mitarbeiter die schwierige Aufgabe hat, die Dominanz und das *Herausdrücken* einzelner Gruppen zu verhindern zugunsten des Offenhaltens seines Hauses für verschiedene Gruppen: „Die schwierige Aufgabe des Pädagogen besteht dabei vor allem darin, unter den Bedingungen genereller Raumknappheit und unter dem Druck der Raumwärterfunktion Unterstützung und Hilfestellung bei diesen Prozessen der Sozialraumkonstituierung zu gewähren, sei es, um den Wechsel der cliquenspezifischen raumbezogenen Interessenorientierung im offenen Bereich zu ermöglichen, sei es, um bei auftretenden Konflikten die unterschiedlichen Ansprüche der Gruppen an Räume wechselseitig transparent zu machen und Verständigungsprozesse einzuleiten." (Becker u.a. 1983, S. 137)

Im Vorfeld konkreter Aneignungsversuche hat der Mitarbeiter die Möglichkeit, sein Haus so zu strukturieren, daß die Besucher genügend Aneignungsmöglichkeiten finden und sich die Räume des Hauses erschließen und gestalten können. Dazu gehört nicht nur die Funktion einzelner Räume sowie ihre Nutzung, sondern auch die Ausstattung mit Mobiliar und Geräten usw., die, wie das Beispiel des Anne-Frank-Hauses zeigt, auch ganz verschiedene Aneignungs- und Nutzungsformen erschließt. Eine weit verbreitete Aneignungsform besteht in der Gestaltung und Renovierung einzelner Räume eines Jugendhauses durch die Besucher. Solche Projekte lassen sich auch mit Kindern und jüngeren Jugendlichen durchführen, wie das Praxisbeispiel „Trauminseln", die Gestaltung des großen Saales im Anne-Frank-Haus durch verschiedene Besuchergruppen, zeigt. Aber es geht auch um die vielen kleinen Gestaltungsmöglichkeiten von Räumen durch die Besucher: das Bemalen von Wandflächen, das Aufhängen von selbstgemachten Dingen, die Dokumentation von Aktionen und Projekten mit Fotowänden usw. Die Atmosphäre von Räumen und die des ganzen Hauses kann so durch die Gestaltungsformen der Besucher geprägt werden.

Der Mitarbeiter hat die wichtige Funktion, solche Aneignungsmöglichkeiten zuzulassen, zu schaffen und den notwendigen Freiraum gegenüber seinem Träger dafür zu erkämpfen.

Übersichtliche Strukturen machen das Jugendhaus zu einem sozialen Raum

Kinder und jüngere Jugendliche brauchen nicht nur Räume, die sie sich auf unterschiedliche Weise aneignen können, in denen sie sich wohlfühlen und die sie als *ihre* Räume betrachten können. Sie brauchen auch Räume, in denen sie soziale Erfahrungen mit sich und anderen machen können, soziale Räume, in denen ein Zusammenleben verschiedener Alters- und Sozialgruppen möglich ist. Ein qualitativer Unterschied zwischen dem Erfahrungsraum des Jugendhauses und dem Lebensraum der Straße besteht darin, daß der soziale Raum eines Jugendhauses im Gegensatz zur *freien Wildbahn* der Straße über eine Struktur verfügt, die den Besuchern Übersicht und Verhaltenssicherheit ermöglicht. Die Spielregeln, die zwischen Besuchern und Mitarbeitern ausgemacht werden und sich entwickeln, geben den Kindern und Jugendlichen die Sicherheit, die sie brauchen, um soziale Interaktionsprozesse mit Gleichaltrigen und Mitarbeitern auszutragen.

„Die gedankliche Vorwegnahme von möglichen Handlungsverläufen entspringt dem Bedürfnis nach Verhaltenssicherheit. Wichtig ist dabei das Wissen über Regelmäßigkeiten von Abläufen, über die Intention anderer. Für die Orientierung im sozialen Umfeld und damit die Entwicklung eigener Handlungsmöglichkeiten ist es für Jugendliche wichtig, das Geschehen im Jugendzentrum einschätzen zu können. Hierzu dient eine übersichtliche Struktur." (Feldmann 1981, S. 511) Das, was Feldmann hier für Jugendliche fordert, gilt um so stärker für Kinder und jünger Jugendliche. Ältere Kinder sind dabei, sich zeitweise von ihrer häuslichen Umgebung zu lösen, Kontakte zu Gleichaltrigen zu knüpfen und sich ökologische Ausschnitte zu erschließen, wozu auch das Jugendhaus gehört. Die jüngeren Jugendlichen, hin- und hergerissen zwischen kindlichen und jugendlichen Verhaltensweisen, in häufig wechselnden Cliquenbeziehungen, suchen im Jugendhaus ebenfalls soziale Erfahrungsmöglichkeiten und probieren neue Verhaltensweisen aus.

Kinder und jüngere Jugendliche sind oft noch unsicher in ihrem Verhalten; eine übersichtliche Struktur im Jugendhaus verschafft ihnen Lern- und Erfahrungsmöglichkeiten. „Die Aufgabe sozialpädagogischer Tätigkeit gerade im Bereich der offenen Jugendarbeit ist es, solche Übungs- bzw. Lernfelder bereitzustellen, die von den Jugendlichen akzeptiert werden, weil sie dort ohne Druck durch sogenannte Sachzwänge ihre Bedürfnisse einbringen und zugleich in der Auseinandersetzung mit anderen konkretisieren und verändern können, um schließlich die ihnen gemäßen Lebensperspektiven und Lebensformen entwickeln zu können." (Feldmann 1981, S. 511) Auch wenn die Suche nach Lebensperspektiven die Möglichkeiten offener Jugendarbeit überschreitet, beschreibt Feldmann hier die Funktion des Jugendhauses als sozialer Erfahrungsraum sehr zutreffend. Übertragen auf die Situation von Kindern und jüngeren Jugendlichen ist diese Funktion um so wichtiger, als diese in zunehmendem Maße alleingelassen werden und in tagsüber verödeten Neubausiedlungen nur wenige soziale Erfahrungen machen können. Die familiäre Situation vieler Kinder und Jugendlicher ist durch die Abwesenheit der familiären Bezugspersonen, sei es durch Alleinerziehung, Arbeit oder andere Faktoren, bedingt. Götz Aly stellte 1977 fest: „So gerät der Prozeß des Erwachsenwerdens für die proletarische Jugend aus dem Gleis; quantitativ und qualitativ breitet sich die Nichterziehung, das Alleinelassen aus." (Aly 1977, S. 123) Er leitet daraus eine deutliche erzieherische Aufgabe offener Jugendarbeit ab und fordert in bezug auf die Rolle des Mitarbeiters: „Gerade in der Arbeit mit proletarischen Kindern, die oftmals in zerrütteten Familien leben, kann es nicht darum gehen, als Erzieher nur etwas Gesprächsbereitschaft, Beratung, etwas Entfaltung, Spaß und Freizeit anzubieten. Sozialpädagogen müssen die Kinder, die nachmittags ins Freizeitheim kommen, auch wirklich fordern, sich mit ihnen auseinandersetzen und für sie mehr sein als ein freundlicher, allwissender Betreuer." (Aly

1977, S. 124) Für die Funktion des Jugendhauses als sozialer Erfahrungsraum ist eine solche Rollendefinition des Mitarbeiters wichtig: Er muß authentische Verhaltensweisen zeigen und für die Besucher faßbar sein.

Aly geht jedoch noch einen Schritt weiter und fordert: „Eine solche Erziehung braucht öffentliche Väter und Mütter, die bereit sind, die Jugendlichen nicht vor der Wirklichkeit zu schützen, sondern sie damit zu konfrontieren." (S. 126) Damit überschätzt er jedoch die Möglichkeiten offener Jugendarbeit. Genauso wenig wie offene Jugendarbeit das Problem der Jugendarbeitslosigkeit lösen oder autonome Räume zur Verfügung stellen kann, ist sie in der Lage, eine Ersatzfunktion für die fehlende familiäre Erziehung zu übernehmen. Daß gerade Kinder und Jugendliche aus schwierigen Familienverhältnissen eine Menge Gefühle auf den Mitarbeiter übertragen und stellvertretend mit ihm viele Dinge austragen, die sie zu Hause mit ihren Müttern und Vätern nicht austragen können, ist klar; die bewußte Übernahme dieser Ersatzfunktion, so wie Aly sie fordert, halte ich jedoch für gefährlich. Helmut Lessing schreibt in einer Kritik des Beziehungsansatzes: „Dieser Bezug auf die Familie steht quer zu der Erfahrung, daß gerade kaputte Familienbeziehungen Jugendliche in die verschiedenen Bereiche der Jugendarbeit hineintreiben. Die Übernahme familienanaloger Rollen verlängert dann die Probleme der Jugendlichen; und die öffentlichen Erzieher wiegen sich in der fiktiven Sicherheit der Identifikation mit einer gesellschaftlich anerkannten Rolle." (Lessing 1983, S. 411) Die Auseinandersetzung mit der Vater- und Mutterrolle bleibt dem Mitarbeiter in der offenen Arbeit mit Kindern und jüngeren Jugendlichen sicher nicht erspart, doch Aly's Forderung nach einer bewußten Übernahme dieser Rolle paßt auch nicht zu einem Funktionsverständnis von Jugendarbeit als drittem Ort neben Familie und Schule, wo Kinder und Jugendliche eben nicht nur die Defizite aus anderen Bereichen ausgleichen können, sondern darüber hinaus andere und neue soziale Erfahrungen machen können. Für die Rolle des Mitarbeiters bedeutet dies, daß er mehr sein muß als Ersatzvater oder Ersatzmutter, daß die Kinder und Jugendlichen im Umgang mit ihm neue und alternative Verhaltensweisen erfahren und ausprobieren können: „. . . alternative Professionalität besteht demgegenüber gerade nicht in der Idealisierung der pädagogisch familialen Situation, sondern in der Fähigkeit, zu verschiedenen Personen verschiedene Beziehungen eingehen zu können. Das heißt: Eine gemeinsame Erfahrungsebene wird nicht vorausgesetzt, sondern ist Gegenstand der Beziehungsarbeit." (Lessing 1983, S. 411) Genauso wie er die Bedürfnisse der Kinder und Jugendlichen ernst nimmt, die ihm immer wieder die Mutter- und Vaterrolle aufdrängen, kann der Mitarbeiter ihnen auch neue Erfahrungen zumuten, sowohl, was seine Vorstellungen von Bezugspersonen angeht, als auch, um seine Interessen und Bedürfnisse ins Spiel zu bringen. Auch die dabei entstehenden Konflikte zwischen ihm und den Besuchern schaffen eine gemeinsame Erfahrungsebene, auf der dann auch neue Formen des Miteinander-Umgehens gefunden werden können: „Die Jugendlichen werden einen solchen Erzieher nicht uneingeschränkt lieben, sie werden ihn oft verfluchen oder beschimpfen, aber sie können in dieser Auseinandersetzung mit ihrem Erzieher wachsen, und das erscheint uns wichtiger als das erfolgreiche Ausklammern von Konflikten." (Aly 1977, S. 127) Im Spannungsfeld zwischen Ersatzmutter oder Ersatzvater und den eigenen Ansprüchen, mit den Besuchern *anders* umzugehen, wird der Mitarbeiter im Jugendhaus zu einer Bezugsperson, an der sich die Kinder und Jugendlichen auch reiben.

Dazu ein Beispiel:

Es ist 17 Uhr, Orlando kommt ins Haus. Er ist 12 Jahre alt und war heute schon in der Schule und danach im Hort. Wenn er zu uns kommt, ist er oft sehr müde und unruhig. Er geht in den Spielraum und leiht sich das Spiel „Vier gewinnt" aus. Nach kurzer Zeit bringt er es wieder zurück zur Spieltheke; er hat niemanden zum Mitspielen gefunden. Gabi, die an der Theke ist und Spiele ausleiht, kann jetzt auch nicht dort weg, um mit ihm zu spielen. Er läuft unruhig hin und her und fängt an, andere Kinder und Jugendliche zu ärgern, die an den Tischen sitzen und spielen. Ich bin ebenfalls im Raum und sitze mit drei Mädchen an einem Tisch, um Malefiz zu spielen. Orlando kommt zu mir und will auch mitspielen. Aber wir sind schon mittendrin, und die drei Mädchen wollen auch niemand anderen mitspielen lassen. Da ist Orlando sauer und fängt an zu nerven. Die Kleineren am Nachbartisch werden geschubst, und er ärgert sie so lange, bis sie aufhören zu spielen und selbst unruhig werden. Ich ermahne Orlando und verspreche ihm, daß ich nach dem Malefizspiel mit ihm im großen Saal Tischtennis spielen werde. Es fällt ihm schwer, so lange zu warten. Noch mehrmals muß ich ihn ermahnen, damit er aufhört, andere zu ärgern, die sich beschäftigen können. Außerdem wollen die drei Mädchen, daß ich mich auf das Spiel mit ihnen konzentriere und nicht dauernd mit Orlando rede. Schließlich geht es so nicht weiter. Ich sage Orlando, daß ich nur dann mit ihm Tischtennis spielen werde, wenn er jetzt aufhört zu nerven. Das fällt ihm schwer, und er ist eigentlich schon zu müde. Zum Glück geht das Malefizspiel relativ zügig zu Ende, und wir können endlich Tischtennis spielen.

Diese wenig spektakuläre, aber typische Situation zeigt deutlich einen wesentlichen Teil der Rolle des Mitarbeiters in der Arbeit mit den Kindern und jüngeren Jugendlichen: Er ist Beziehungspartner, jemand, den man nerven kann, mit dem man Vereinbarungen trifft, den man zu Versprechungen überredet, jemand, mit dem man Verhaltensweisen und Reaktionen ausprobieren kann. Die Rolle des Mitarbeiters in der offenen Arbeit mit dieser Altersstufe ist insgesamt sehr vielschichtig:

Er ist Spielpartner wie in der oben beschriebenen Situation; er gibt Zuwendung in vielerlei Form, positiv durch Trösten, Streicheln, Zuhören, Reden usw., aber auch negativ als derjenige, dessen Aufmerksamkeit man dadurch erregen kann, daß man andere Besucher ärgert, schlägt oder tritt. Eine wichtige Rolle ist die des Regelschützers, eine Rolle, die auf den ersten Blick eher repressiv wirkt, auf den zweiten Blick aber sehr wichtig und damit auch positiv ist: es geht darum, Regeln und Strukturen, die den Sozialraum des Kinder- und Jugendzentrums kennzeichnen, immer wieder einzuüben, zu verteidigen, zu schützen und auch durchzusetzen. Es geht dabei z. B. um eine einigermaßen angstfreie Atmosphäre ohne dauernde körperliche Auseinandersetzungen und die Anwendung von Zwang, d. h. konkret, daß Übergriffe der Größeren auf die Kleineren, wie sie auf der Straße üblich sind, verhindert werden müssen. Kommt es zu körperlichen Auseinandersetzungen, so besteht die Rolle des Mitarbeiters darin, auf die Einhaltung von Fairnisregeln zu achten und es den Streitpartnern zu ermöglichen, aus der Situation herauszukommen, wenn sie genug haben.

In der Literatur zur offenen Arbeit mit älteren Jugendlichen wird die Arbeit des Mitarbeiters oft als „Beziehungsarbeit" verstanden, die ein hohes Maß an persönlichem Engagement des Mitarbeiters sowie seine Bereitschaft, intensive persönliche Beziehungen zu den Jugendlichen aufzubauen, fordern. Auch die auf den letzten Seiten beschriebene Rolle des Mitarbeiters in der offenen Arbeit mit Kindern und jüngeren Jugendlichen ist ein Stück Beziehungsarbeit und muß es auch sein, denn „um erfolgreich zu sein, muß der Jugendarbeiter ein hohes Maß an persönlichem und emotionalem Engagement mitbringen, sich mit dem Inhalt seiner Arbeit identifizieren" (Heinrich 1983, S. 140). Diese Beziehungsarbeit des Jugendarbeiters ist jedoch Teil seiner Lohnarbeit, also eine bezahlte Tätigkeit. Ein Problem entsteht aus diesem Zusammenhang dadurch, daß diese Beziehungsarbeit für die Kinder und Jugendlichen nicht im Rahmen der beruflichen Tätigkeit geschieht, sondern als echt und ernsthaft empfunden werden muß. „Würde der Eindruck von Arbeit entstehen, so wäre genau die 'persönliche Beziehung', die Grundlage der Bearbeitung gemeinsam interessierender Probleme, gestört. Jeder Jugendliche müßte erfahren, daß er nicht als Individuum, sondern quasi als Werkstück einer Reproduktion lebenstüchtiger Personen begriffen würde." (Lange u. a. 1980, S. 65) Jugendarbeit als Beziehungsarbeit schafft bei zu einseitiger und übertriebener Betonung dieses Bereiches Probleme für den Mitarbeiter, die er auf die Dauer nicht lösen kann. „Dieses Berufsverständnis bringt vor allem zwei Probleme mit sich: eine psychische Überforderung des Mitarbeiters, wenn er emotionale Beziehungen zu vielen Jugendlichen aufnehmen will, und den ständigen Konflikt, der aus dem Gegensatz zwischen den unterschiedlichen Bedingungen von Lohnarbeit einerseits (zum Beispiel Arbeitszeit, Trennung von Arbeits- und Lebensbereich) und den Bedingungen für positive Beziehungen andererseits entsteht." (Feldmann 1981, S. 509) Eine weitere Kritik der Definition von Jugendarbeit als Beziehungsarbeit besteht in der Einengung und Zuspitzung der Inhalte von Jugendarbeit auf die Beziehungen zwischen Jugendlichen und Mitarbeitern. Ich habe gerade mit der Beschreibung des Jugendhauses als Aneignungsraum zu zeigen versucht, daß offene Jugendarbeit wesentliche Funktionen auch in Bereichen hat, in denen die Beziehungsfähigkeit des Jugendarbeiters kaum gefragt ist, dagegen aber seine strukturierende Kompetenz. Helmut Lessing kritisiert die Beziehungsarbeit als Fetisch, als Flucht in einen wieder *eigentlich* pädagogischen Bereich: „Das in diesem Kontext entstandene Arbeitsverständnis und die Erwartungen an die Beziehungsarbeit sind jedoch in gewisser Weise verführerisch; sie sind darauf angelegt, sich selbst in der pädagogischen Funktion zu wichtig zu nehmen bzw. die Beziehungsebene in ihrer pädagogischen Wirkung auf Jugendliche zu überschätzen." (Lessing 1983, S. 408)

Eine Überbetonung der Beziehungsarbeit kann gerade in der Arbeit mit Kindern und jüngeren Jugendlichen schiefgehen, denn diese sind vor allem an der Nutzung der *Räume* eines Jugendhauses interessiert, an den Erfahrungs- und Erlebnismöglichkeiten, die zwar auch mit den Mitarbeitern zu tun haben, aber nicht primär auf diese bezogen sind. Ich habe deshalb zu Beginn dieses Teiles deutlich gemacht, daß gerade die Strukturen eines Jugendhauses dieses zu einem sozialen Erfahrungsraum machen, und hier sehe ich auch eine wichtige Funktion der Mitarbeiter.

„Der Mitarbeiter im Jugendzentrum ist in erster Linie zuständig für die Lebensbedingungen, die ein Jugendzentrum bietet, d. h. für seine Strukturen. Die Einwirkung auf Strukturen sind sein methodisches Mittel, um soziale Lernmöglichkeiten für Jugendliche zu schaffen." (Feldmann 1981, S. 513) Die Bereitstellung von Räumen, die sich die Besucher in vielfältiger Weise aneignen können, ist ein erster Schritt in diese Richtung; die Strukturierung dieses Raumes zu einem sozialen Raum der zweite Schritt. Feldmann setzt sich deutlich vom Ansatz der Beziehungsarbeit ab: „Deshalb sollte das berufliche Können eines Mitarbeiters in der Jugendarbeit nicht an seiner Fähigkeit, emotionale Beziehungen einzugehen, gemessen werden, sondern daran, wie es ihm gelingt, Rahmenbedingungen für einen freien Erlebnis- und Lernbereich zu schaffen bzw. zu erhalten und auszubauen." (S. 510)

Feldmann weist den Beziehungen damit nur noch einen untergeordneten Stellenwert zu, erweitert aber die beschriebenen Handlungskompetenzen des Mitarbeiters um die von ihm als *strukturierende Kompetenz* bezeichnete Fähigkeit.

Ein wesentlicher Aspekt in dieser Konzeption ist die Strukturierung des Jugendhauses zu einem sozialen Raum und die Auseinandersetzungen mit Strukturen und deren Veränderung. Dadurch werden wichtige Erfahrungs- und Lernchancen eröffnet; „... es bedarf fester Regeln des Zusammenlebens mit klaren Angaben über die Sanktionen, die bei Nicht-Einhaltung erfolgen. Zugleich muß es aber die Gewißheit geben, daß solche Ordnungen bei Konflikten, die nicht zu bewältigen sind, erweitert oder verändert werden können." (Feldmann 1981, S. 513) In der offenen Arbeit mit Kindern und jüngeren Jugendlichen bestimmen Regeln und Strukturen z. B. auch den Verleih und den Umgang mit Spielen, wenn man die Zielsetzung verwirklichen will, den Besuchern Spielmöglichkeiten zu verschaffen und diese auch gerecht zu verteilen. Erfolgreich ist hier ein Pfandsystem, bei dem die Besucher alle Spiele für eine bestimmte Zeit (z. B. eine halbe Stunde) gegen Abgabe eines Pfandes ausleihen können. Für viele Kinder und Jugendliche stellen die Spiele mit ihren Figuren und Teilen eine große Versuchung dar, und es kommt immer wieder vor, daß Einzelteile mitgenommen werden. In den daraus entstehenden Auseinandersetzungen spielt der Mitarbeiter ebenfalls eine wichtige Rolle: Konsequentes und nicht repressives Verhalten ist gefragt. Nicht gleich rausschmeißen, sondern mit den Betroffenen reden bedeutet für viele Besucher, einen Lernprozeß durchzumachen, für den die eigenen Eltern vielleicht nicht die Nerven haben. Dabei kann eine Lösung im Einzelfall ganz unterschiedlich aussehen: Der geklaute Gegenstand muß wiedergebracht, das beschädigte Spiel repariert werden. Und sicher gibt es auch Fälle, wo die Strukturen auch durchgesetzt werden müssen und einzelne Besucher erst, nachdem sie deutlich die Grenzen der Regeln ausgetestet haben, ihr Verhalten entsprechend verändern können. Die Auseinandersetzung über bestehende Strukturen, deren ständiges Hinterfragen und die Auseinandersetzung über deren Einhaltung und Veränderung sind wichtige soziale Lernprozesse. Denn gerade im Gegensatz zu Familie und Schule bietet das Jugendhaus einen *Übungsraum,* in dem

Verhaltensweisen ausprobiert werden können, ohne daß sofort bedrohliche Konsequenzen erfolgen, wie etwa bei Aneignungsversuchen im Stadtteil. „So kann die Auseinandersetzung mit den strukturellen Gegebenheiten des Jugendzentrums soziale Fähigkeiten wie zum Beispiel Entdecken von Abhängigkeiten, Formulierung von Interessen usw. fördern." (Feldmann, S. 512) Ein sozialer Raum ist gekennzeichnet durch Normen, Regeln und Strukturen, die zwischen den Handelnden über sich verändernde Situationsdefinitionen ausgehandelt werden. Im Rahmen einer offenen Jugendarbeit ist alleine durch das Haus, seine Räume und deren Ausstattung eine deutliche Struktur vorgegeben. Es ist deshalb die Aufgabe des Mitarbeiters, diese Strukturen veränderbar und damit lebendig zu halten: „Es sollten 'Spiel-Regeln' für das Jugendzentrum entwickelt werden. Dieser Begriff deutet darauf hin, daß es nicht um irgendwelche absolut richtigen oder falschen Normen geht, sondern um Regeln, die zwar einzuhalten sind, die aber auch bei veränderten Situationen veränderbar sind." (Feldmann, S. 512) In die Auseinandersetzungen um Spielregeln im Jugendhaus bringt sich der Mitarbeiter mit seinen Vorstellungen von Gerechtigkeit, Fairness usw. ein.

Die Gefahr ist sehr groß, daß sich eine einmal gefundene Struktur soweit verfestigt, daß hinterher niemand mehr weiß, warum eine Regel aufgestellt wurde, sich aber alle daran halten sollen. Natürlich werden nicht alle Regeln und Strukturen ständig verändert. So blieb über die Jahre eine Regel im Anne-Frank-Haus bestehen, daß Konflikte nicht mit Brachialgewalt ausgetragen werden sollen.

Der Mitarbeiter muß einen Mittelweg finden zwischen dem verregelten Haus, in dem sich die Struktur verselbständigt hat, und der regellosen *freien Wildbahn* der Straße, die vor allem für Kinder und jüngere Jugendliche ständige Unruhe und Kampf um Raum bedeutet und ihnen wenig angstfreie Entfaltungsmöglichkeiten bietet.

Offenheit und Verbindlichkeit bestimmen den pädagogischen Ansatz

Das Jugendhaus kann für Kinder und jüngere Jugendliche nur dann zu einem sozialen Raum werden, wenn die pädagogische Konzeption genügend Offenheit besitzt. Offenheit bedeutet zunächst eine möglichst intensive zeitliche Zugangsmöglichkeit zu der Einrichtung. Inhaltlich bedeutet die Verbindung der Elemente Offenheit und Verbindlichkeit die konzeptionelle Verknüpfung der offenen Situation im Haus, die für viele Besucher eine wichtige Zugangsvoraussetzung ist, mit der verbindlichen Situation in kleinen Gruppen, die den Besuchern neue Erfahrungsmöglichkeiten erschließt.

Jeden Donnerstag trifft sich innerhab der Spielothek im Anne-Frank-Haus die Gartenbaugruppe. Diese Gruppe bewirtschaftet ein kleines Beet auf dem Grundstück, auf dem vorwiegend Nutzpflanzen wie Möhren, Salate und Radieschen, also Pflanzen, die man hinterher auch verspeisen kann, angebaut werden. Die Gruppe trifft sich ungefähr um 16 Uhr, eine Stunde nach dem Beginn der Spielothek, und arbeitet je nach Bedarf eine bis eineinhalb Stunden. Zur Gruppe gehört eine nicht fest umrissene Zahl von 10-13jährigen. Einige Besucher bilden die Kerngruppe, während andere nicht regelmäßig dazu kommen. Von seiten der Mitarbeiter ist immer die gleiche Person dabei. Innerhalb der Spielothek stellt die Gartenbaugruppe ein Stück Verbindlichkeit dar: man ist draußen für sich alleine im Garten, Zuschauer fehlen fast völlig. Die Gruppe arbeitet zusammen, man muß sich anstrengen und sieht danach auch ein Resultat richtiger Arbeit, z. B. das umgegrabene Beet. Gegenseitige Hilfe ist deshalb gefragt, weil die Teilnehmer streng darauf achten, daß nur diejenigen hinterher essen dürfen, die vorher auch mitgearbeitet haben. Man sieht auch den Gesichtern an, daß es sich um eine verantwortungsvolle Tätigkeit handelt, die auch nicht jeder machen kann. Spaten und andere Werkzeuge werden mit großer Würde und dem nötigen Theater durch die Halle nach draußen getragen. Die Gruppe löst sich nach jeder Saison meist wieder auf und wird dann im Frühjahr neu gegründet.

Im Gegensatz zu den meisten Kinder- und Jugendgruppen, die eine bestimmte Altersstufe ansprechen, ist der Ausgangspunkt für die Gartenbaugruppe ein konkreter Gegenstandsbereich: Der Garten, das Beet ist Thema der gemeinsamen Arbeit. Es stellt sich weder für die Teilnehmer noch für den Mitarbeiter die ewige Frage der Gruppenarbeit: „Was machen wir beim nächsten Mal"? Aus dem konkreten Gegenstandsbereich ergibt sich ein hohes Maß an Verbindlichkeit für die Inhalte dieser Gruppe. Ein wichtiges Moment ist weiterhin, daß sich diese Gruppe innerhalb der Spielothek, also während der normalen Öffnungszeit trifft. Dadurch haben auch Besucher die Möglichkeit zur Teilnahme, die sich nicht vorrangig für diese Gruppe interessieren, die zur Spielothek kommen und dort zur Mitarbeit in der Gartenbaugruppe animiert werden. Die Kontinuität und Verbindlichkeit dieser Gruppe ist gegenüber dem offenen Betrieb deutlich hervorgehoben: Raum und Arrangement geben ihr etwas Besonderes; die Kleingruppensituation schafft andere Erfahrungsmöglichkeiten als der offene Betrieb. Dennoch sprengt die Gruppe nicht den Rahmen der Spielothek; im Gegensatz zu den wöchentlich stattfindenden Gruppen erfordert die Teilnahme an der Gartenbaugruppe keine besondere Pünktlichkeit oder längerfristige Planung von Besuchern, die jeden Tag ins Jugendhaus kommen.

Konkrete Gegenstandsbereiche, die Ausgangspunkte solcher Gruppen innerhalb des offenen Betriebes sein können, lassen sich viele finden. Es geht darum, innerhalb des offenen Bereiches verbindliche Situationen zu schaffen, in die sich die Besucher ohne Vorleistung einlassen können. Hierzu können spontane Fotoaktionen mit anschließender gemeinsamer Entwicklung und Vergrößerung der Fotos im Labor ebenso gehören wie ein Ausflug mit den hauseigenen Rollschuhen am Nachmittag. Es geht nicht darum, möglichst viele Gruppen zu bilden, die dann lange zusammenbleiben sollen. Den sich verändernden Interessen und Bedürfnissen von Kindern und Jugendlichen kommt ein solches Konzept entgegen, weil sie sich sowohl auf einen konkreten Gegenstandsbereich und eine Kleingruppensituation einlassen als auch im offenen Bereich relativ autonom bewegen können.

Bei Kindern und jüngeren Jugendlichen kann man oft beobachten, daß sie nicht mittel- und längerfristig denken und planen können. Gerade Kinder aus Arbeiterfamilien sind ein solches Verhalten von zu Hause aus nicht gewohnt, haben keinen Terminkalender und denken auch im Jugendhaus meist von Tag zu Tag. Schriftliche Informationen nehmen sie kaum wahr; sie müssen angesprochen und an Ort und Stelle zu etwas motiviert werden. Die Planung von Angeboten muß deshalb flexibel sein; konkrete, verbindliche Situationen können sich in der offenen Arbeit mit Kindern und jüngeren Jugendlichen auch spontan ergeben. Dazu muß der Mitarbeiter in der Lage sein, auch einmal aus der Situation heraus zu handeln.

Während der Disco will ein Achtjähriger sein Nagelbild abholen. Ich gehe mit ihm in den Werkraum, und wir suchen das Bild. Ganz schnell kommen noch einige jüngere Jugendliche mit in den Werkraum. Jetzt habe ich das Nagelbild gefunden, und sie finden es alle ganz toll. Uwe sagt: „Können wir das jetzt auch machen. Wir wollen unbedingt ein Nagelbild haben!" Ich zögere, überlege, ob wir genügend Material auf Lager haben und ob noch Mitarbeiter mithelfen können, und willige dann ein. Sie sind ganz Feuer und Flamme. Zwei Mitarbeiterinnen helfen noch mit. Mit der großen Begeisterung alleine ist es natürlich noch nicht getan. Einige wollen gleich wieder aufgeben, als sie sehen, daß das Bild nicht innerhalb von fünf Minuten fertig wird. Jetzt sind wir aber hartnäckig; wir helfen überall und treiben die Arbeit voran. Nach einer anstrengenden Stunde tragen sie stolz ihr Nagelbild nach Hause.

Auch wenn an diesem Beispiel vieles zufällig ist, so wird doch deutlich, worum es geht: Das Einlassen auf die besonderen Bedingungen der offenen Arbeit mit 6-16jährigen bedeutet auch, mal auf spontane Interessen, auf wenig Ausdauer und Geduld einzugehen. Dies kann auf sehr verschiedene Weise geschehen, und so wie in diesem Beispiel geht es sicher nur selten. Es geht dabei nicht um eine Bedürfnisbefriedigung nach dem Prinzip eines Selbstbedienungsladens, in dem die Besucher nur einen Wunsch äußern müssen, und schon springt der Mitarbeiter. Indem ihre spontanen Interessen berücksichtigt werden, können die Kinder und Jugendlichen auch Erfolgserlebnisse haben, die für sie sehr wichtig sind.

Flexibel zu sein bedeutet auch, sich nicht zum Vollstrecker seiner eigenen pädagogischen Planung zu machen, sondern diese als Gerüst von Aktivitäten und Aktionen zu betrachten, von dem man aufgrund aktueller Situationen auch abweichen kann. Der Mitarbeiter muß dabei ein Stück Sicherheit verlassen und sich auf ungeplante und damit unsichere Situationen einlassen. In der offenen Arbeit mit Kindern und jüngeren Jugendlichen einen Monat im voraus genau zu planen, welches Angebot wann und wie stattfinden soll, würde bedeuten, daß man sich kaum auf spontane Interessen und besondere Situationen einlassen könnte.

Andererseits schafft die vollkommen „spontane" Planung des Mitarbeiters Unsicherheiten bei den Besuchern, und längerfristige Projekte gehen dabei leicht unter. Auch hier muß also wieder ein geeigneter Mittelweg gesucht werden. „Das Geschehen im Jugendzentrum soll für den einzelnen Jugendlichen überschaubar sein. Er soll wissen, welche Gruppen fest sind, in welche Gruppen er hinein kann, wann er mit dem Pädagogen sprechen kann und wann nicht. Das bedeutet, daß Informationen über die Gruppenaktivitäten, über festgelegte Räume etc. für alle sichtbar vorhanden sein sollen. Es bedeutet jedoch nicht, daß offene Jugendarbeit nach Art einer Bildungseinrichtung nur noch als Abfolge fester Programmpunkte besteht." (Feldmann 1981, S. 513)

Wie oben beschrieben, ist es für die Besucher der Gartenbaugruppe gut, daß diese innerhalb der normalen Öffnungszeiten stattfindet und nicht außerhalb zu einem besonderen Termin. Innerhalb dieses festen Rahmens, der natürlich hin und wieder durch Sonderveranstaltungen durchbrochen werden kann, bleibt die Planung von Angeboten und Aktivitäten relativ flexibel, ist auch vom Wetter und anderen Faktoren abhängig. Angebote müssen sozusagen fertig in der Schublade liegen, müssen vorbereitet und ausgestattet sein, damit man bei Bedarf auch schnell auf sie zurückgreifen kann.

Offenheit und Verbindlichkeit bedeuten auch oft eine Jahrmarktsituation, in der der Mitarbeiter für ein Angebot werben muß, meist durch persönliches Ansprechen der Besucher. Es ist eben nicht die geschützte Volkshochschulsituation mit vorliegenden Anmeldungen, sondern der Mitarbeiter animiert und interessiert die Besucher auch selbst.

Gerade die jüngeren Jugendlichen haben aber so die Möglichkeit, sich entsprechend ihrer Situation mitziehen zu lassen oder zu distanzieren.

Aktionen und Projekte geben dem Leben im Jugendhaus Perspektive

Die großstädtische Wohnstruktur mit ihrer weitgehenden Funktionalisierung, der Trennung von Arbeits- und Wohnbereichen, dem Fehlen von unverplanten Freiflächen sowie der Eingrenzung von Wohnquartieren durch Verkehrsstraßen macht es Kindern und Jugendlichen schwer, sich ihre Umwelt zu erschließen. So wie am Beispiel von Düsseldorf-Garath beschrieben, handelt es sich dabei nicht nur um *Raumknappheit*, so wie sie auch in Altstadtquartieren zu verzeichnen ist, sondern um generelle Veränderungen im Bild der *Straßenöffentlichkeit,* die durch Langeweile und den Rückzug der Erwachsenen gekennzeichnet ist. Die so hervorgerufene Erlebnisarmut zeigt ihre Auswirkungen z. B. in vielen Formen der Kleinkriminalität wie Diebstähle und Zerstörungen, die auf Langeweile und Herumhängen zurückzuführen sind und nicht primär auf das Bedürfnis der materiellen Bereicherung. Anerkennung von seiten der Gleichaltrigen kann oft nur auf diese Weise erreicht werden. Die Folge ist auch, daß Kinder und Jugendliche wenig mobil sind, selten aus ihrem Wohnquartier herauskommen. In ihrem Verhalten zeigen sie oft eine frappierende Unerfahrenheit mit fremden Situationen und Umgebungen; sie sind scheu und unsicher und überspielen dies durch aufgesetzte Verhaltensweisen.

Das Jugendhaus muß zum Ausgangspunkt von Aktionen, Außenaktivitäten und damit Aneignungsversuchen gemacht werden, die den Besuchern Hilfestellungen bei der Erschließung ihrer Lebenswelt geben können.

Wie bedeutsam die Erschließung der Lebenswelt für Kinder und Jugendliche ist, hat auch Dieter Baacke in seinem Zonenmodell beschrieben. Die Ablösung vom ökologischen Zentrum der Familie ist für Kinder genauso wichtig wie die Erschließung von ökologischen Ausschnitten für Jugendliche. Ihnen dafür Hilfestellungen zu geben, ist eine Funktion des Jugendhauses. Dabei geht es nicht nur um Ferienfreizeiten und Fahrten, die durch Ortswechsel und andere Umgebung sowie die Intensität des Zusammenlebens eine nachhaltige Wirkung haben, sondern auch um die Möglichkeiten der Umweltaneignung am Ort während des normalen Jugendhausbetriebes. Hierzu können Stadtspiele, Rallyes und Ausflüge ebenso gehören wie Turniere gegen andere Einrichtungen, Feiern usw. Das Entdecken von vorhandenen Möglichkeiten im Stadtteil ist genauso wichtig wie die Erweiterung des Horizontes und das Kennenlernen ungewohnter Umgebungen.

Für die Arbeit im Jugendhaus haben solche Aktivitäten außerhalb und innerhalb des Hauses eine weitere Bedeutung: Sie geben dem Leben im Jugendhaus eine Perspektive, in dem sie den Alltag durch Höhepunkte auflockern. Dies ist für viele Kinder und Jugendliche wichtig, weil sie innerhalb ihrer Familien einen relativ tristen, ohne Höhepunkte verlaufenden Alltag erleben. Die erlebnisarme Umgebung verursacht oft eine Stimmung der Langeweile, in der sie mit sich und anderen nichts anzufangen wissen. Gemeint sind hier keine riesigen Aktionen, die einen enormen Aufwand beanspruchen, sondern relativ kleine Aktionen wie Fahrradtouren, Ausflüge usw. (vgl. Deinet 1983, S. 40ff)

Wichtig ist, daß solche Höhepunkte und Sonderveranstaltungen gezielt geplant und durchgeführt werden, so daß sich im Jugendhaus eine Perspektive entwickeln kann, die auf solche Veranstaltungen gerichtet ist und den Alltag strukturiert. Die Erwartungen eines Kickerturniers gegen die Mannschaft eines anderen Jugendhauses kann die Atmosphäre vor und nach dem Turnier nachhaltig beeinflussen. Eine solche Planung ist in der offenen Arbeit mit dieser Altersstrufe auch deshalb sinnvoll, weil die Kinder und Jugendlichen täglich ins Haus kommen und ihr Alltag also auch im Jugendhaus stattfindet und sich auch dort Langeweile verbreiten kann.

Schon länger störte mich, daß die letzte Spielothek vor Weihnachten genauso ablief wie sonst im Anne-Frank-Haus. Die Vorweihnachtszeit spürte man schon länger in all ihren positiven und negativen Auswirkungen. Der Weihnachtsmarkt in Garath war ein großer Anziehungspunkt für unsere Besucher, die dort eine Menge Geld ausgaben. Im Team überlegten wir, wie wir diese letzte Spielothek vor den Ferien anders gestalten könnten. Wir planten schließlich eine Art Weihnachtsfeier. Im großen Saal wurden Tische und Stühle für 150 Personen aufgestellt; die Tische wurden gedeckt (kein Plastik, natürlich Porzellan) und geschmückt. Ein großer Weihnachtsbaum mußte für den Gottesdienst sowieso angeschafft werden und stand deshalb auch zur Verfügung. Eine Woche vor der „Weihnachtsspielothek" konnten sich alle Besucher zwischen 6 und 13 Jahren eine schön gestaltete Anmeldekarte an der Küche abholen, die sie unterschrieben und mit 50 Pfennig versehen wieder abgeben sollten. Dieses Verfahren hatten wir deshalb gewählt, um die Veranstaltung aus dem üblichen Rahmen zu heben und um zu wissen, wieviele Besucher kommen würden. Am Tag selbst standen dann trotzdem noch ca. 40 Kinder ohne Anmeldung vor der Tür, die wir dank großzügiger Planung auch alle noch hereinlassen konnten. Die Veranstaltung selbst stand zunächst im Zeichen eines ausgiebigen Kakaotrinkens und Kuchenessens, wobei einige Besucher 5 Stücke und mehr schafften. Die Besucher waren sichtlich verwundert über die ihnen vollkommen ungewohnte Atmosphäre in dem Saal, in dem sie sonst Billard und Tischtennis spielen. Das große Chaos blieb weitgehend aus; die Besucher verhielten sich zum großen Teil wesentlich anders als sonst.

Deshalb konnten danach auch einige Lieder gesungen werden, mit Unterstützung unserer Gitarrengruppe. Selbst das Erzählen einer Geschichte war möglich, die Kinder und Jugendlichen hörten erstaunlich gut zu. Den Abschluß bildete ein Puppentheater, bei dem die Besucher richtig mitgingen. Zum Abschluß bekam jeder noch ein von den Teamern selbst gebasteltes kleines Knusperhäuschen geschenkt. Der Erfolg und der Ablauf dieser Weihnachtsfeier hat uns sehr überrascht. Wir waren auf viel Hektik, Unruhe und Chaos eingestellt. Die Atmosphäre, auch durch scheinbare Kleinigkeiten, wie Kerzen usw. geprägt, machte doch viel aus. Die Weihnachtsfeier gehört seit diesem ersten Mal zu einer neuen Tradition im Anne-Frank-Haus, und die Besucher fragen schon Anfang Dezember danach.

Ähnliche Erfahrungen mit Veranstaltungen für ältere Jugendliche, bei denen die Atmosphäre eine sehr wichtige Rolle spielt, machten auch Kraußlach u.a. in ihrer Arbeit. (vgl. Kraußlach u.a. 1976, S. 206ff)

Ein weiterer Vorteil von Aktionen und Sonderveranstaltungen in und außerhalb des Jugendhauses ist der, daß diese ein hohes Maß an Verbindlichkeit in einer Gruppensituation bieten. Das Verhältnis zwischen Besuchern und Mitarbeitern kann sich in einem ganz anderen Rahmen entfalten als im Haus. Herausgehobene Situationen und gemeinsame Erlebnisse wirken sich sehr positiv auf den Normalbetrieb aus. Ähnlich wie bei den konkreten Gegenstandsbereichen, die Anlaß zu einer Gruppenbildung sein können, schaffen gemeinsame Unternehmungen die Grundlage für eine gemeinsame Erfahrungsebene zwischen Besuchern und Mitarbeitern. Der Mitarbeiter wird nicht nur in seiner Rolle im Jugendhaus erlebt, sondern wird authentischer, wenn er z.B. bei einer Papiersammlung selbst anpackt. (Deinet 1983, S. 13)

Kinder und Jugendliche können durch Aktionen und Sonderveranstaltungen Anregungen und Anstöße für die eigene Gestaltung ihrer Freizeit erhalten. Das Jugendhaus kann so zu einem Ort werden, „wo Jugendliche — ohne gleich von einer Flut neuer Angebote erdrückt zu werden — zusammen und in Auseinandersetzung mit anderen Jugendlichen (und den Sozialpädagogen) lernen können, daß es einen

Mittelweg gibt zwischen Langeweile und kommerziellem 'high life'. Zentraler Lernschritt ist dann, umzukerhen von der Einstellung 'es muß was los sein' zu der Einstellung 'ich muß was los machen'." (AG Jugendprobleme 1984)

Momente der Erlebnispädagogik werden bewußt übernommen, weil es darum geht, den Einflüssen der Konsumgesellschaft alternative Erfahrungen entgegenzustellen. Die führt jedoch nicht zu einer Aktionspädagogik um ihrer selbst willen, die von einer Aktion zur nächsten springt.

Die Rolle des Mitarbeiters in dieser konzeptionellen Position ist wiederum vielschichtig. Zum einen ist er Planer und Organisator, der aufgrund seiner Analyse der Lebenswelt der Besucher des Jugendhauses Ideen entwickelt und Aktionen plant. Dafür wird er auch Anregungen durch die Kinder und Jugendlichen selbst bekommen, die sich jedoch weitgehend auf die ihnen bekannten Möglichkeiten in ihrer Lebenswelt beziehen und beschränken. Es reicht deshalb nicht aus, sich nur an den Interessen und Bedürfnissen der Besucher zu orientieren, denn diese „können sich immer nur auf die ihnen bekannten und bewußten Mittel zur Bedürfnisbefriedigung richten und verbleiben deshalb häufig im Stadium der Wiederholung gleicher Arten von Mitteln zur Bedürfnisbefriedigung" (Lange u. a. 1980, S. 73). Es geht im Sinne von Burkhard Müller um eine Form „bedürfnisentwickelnder Jugendarbeit" (S. 49), die nicht die Bedürfnisse der Kinder und Jugendlichen verändern oder ihnen andere Bedürfnisse aufdrängen will, sondern ihnen alternative Formen der Bedürfnisbefriedigung zeigt. Dies scheint mir bei der Altersstufe der jüngeren Jugendlichen besonders wichtig zu sein, denn gerade die Erweiterung ihres Horizontes, die Erschließung ihrer Lebenswelt ist von großer Bedeutung für ihre Entwicklung.

Nachmittags im Anne-Frank-Haus. Unsere Teenies spielen Nachlaufen. Sie rennen rein und raus, sind mal kurz im Spielraum und dann wieder im großen Saal. An anderen Tagen sitzen sie auch ganz ruhig an einem Tisch und spielen Scotland Yard, *aber heute sind sie sehr unruhig. Die Jungen jagen die Mädchen und umgekehrt, alle rennen in die Toilette, einer hält die Türe zu, und dann wieder jagen alle kreischend vors Haus.*

Drei Tage später sind die meisten bei der Besichtigung einer Papierfabrik dabei. Einige haben schon oft bei unseren Papier-

sammlungen mitgeholfen, und weil sie gefragt haben, was mit dem gesammelten Papier geschieht, haben wir die Besichtigung einer Papierfabrik organisiert. Ein Werkmeister erwartet uns, und ich bitte die Jugendlichen, nicht so ein Theater zu machen wie im Anne-Frank-Haus. Der Werkmeister, ein gemütlicher Typ, gibt zum Glück keine langen Einführungen, sondern wir gehen gleich ins Altpapierlager. Hier sehen wir „unsere" Zeitungen zu riesigen Bergen aufgetürmt, danach die Zerkleinerungsmaschine und die riesigen Bottiche, in denen die zerstampften Zeitungen mit Wasser vermischt werden. Die Jugendlichen sind beeindruckt und hören den Erklärungen zu. Altkleider kommen auch noch in die Bottiche, zerrissen natürlich. Wir dürfen auf die riesige Maschine klettern, in der das Papier gemacht wird, und zum Schluß sitzen wir noch in einem Firmenbüro im Stil der 50er Jahre; der Firmengründer schaut wohlwollend auf uns herab. Für jeden gibt es eine Cola und auch hier großes Interesse, als der Werkmeister noch etwas erzählt. Er scheint selbst Spaß daran zu haben und nimmt uns noch mit in sein Labor, wo wir nun selbst Papier herstellen können. Auch wir Mitarbeiter sind beeindruckt, vor allem unsere Jugendlichen, die wir ein paar Tage vorher so unruhig erlebt haben. Später probieren wir die Papierherstellung im Anne-Frank-Haus selbst mal aus.

Hilfestellung zur Verbesserung der Lebenssituation der Besucher

Ähnlich wie bei der Funktion des Jugendhauses als Aneignungsraum wird die traditionelle Grenze offener Arbeit als Freizeitpädagogik überschritten, wenn den Kindern und Jugendlichen über die Freizeitgestaltung hinaus konkrete Hilfestellungen bei der Bewältigung ihrer Probleme und Konflikte gegeben werden sollen. Die Ressourcen des Jugendhauses, seine räumlichen und finanziellen Mittel, vor allem aber die Kompetenz und Fähgikeit der Mitarbeiter werden dafür beansprucht.

In der offenen Arbeit mit älteren Jugendlichen ist diese Aufgabe schon seit langem als wichtiger Bereich neben der Freizeitarbeit aufgegriffen worden. Hilfestellung, Gespräche und intensiver persönlicher Einsatz für einzelne Jugendliche mit ihren Problemen und Konflikten sind Teil des Beratungsansatzes, der Einzug in viele Jugendhäuser gehalten hat. Dabei spielen sogenannte Randgruppen in der offenen Arbeit eine besondere Rolle, wie z. B. in der von Kraußlach u. a. beschriebenen Arbeit mit älteren Jugendlichen aus der Rockerszene.

Angesichts der Mitte der 70er Jahre auftretenden neuen Problemlagen von Jugendlichen, besonders der Jugendarbeitslosigkeit, wurden Ansätze von offener Jugendarbeit entwickelt, die zunächst vor allem die psychischen Auswirkungen der Arbeitslosigkeit auffangen sollten und heute immer mehr auf Schaffung von Ausbildungs- und Arbeitsplätzen ausgerichtet sind. In allen diesen Ansätzen wird das Konzept offener Jugendarbeit erweitert in Richtung auf die Bearbeitung der Probleme und Konflikte, die die Besucher der Jugendeinrichtung aufgrund ihrer sozialen Situation haben. Die Ressourcen des Jugendhauses werden dabei auf unterschiedlichste Weise genutzt: Beim Beratungsansatz ist es die Beratungskompetenz des Mitarbeiters, bei neueren Projekten zur Bekämpfung der Jugendarbeitslosigkeit mehr seine organisatorischen und handwerklichen Fähigkeiten zum Aufbau eines Projektes, die gefragt ist.

Offene Jugendarbeit kann sich heute als sozialstaatliche Leistung der Bearbeitung gesellschaftlich verursachter und individuell sich auswirkender Probleme und Konflikte ihrer Besucher nicht verweigern. „Jugendhilfe stellt sich heute als sozialstaatliches Leistungssystem dar, das zunächst seiner traditionellen Aufgabe nachkommt, den Ausfall und das Versagen der Regelagenturen der Sozialisation wie Familie, Schule und Wohnwelt zu kompensieren." (Schefold u. a. 1980, S. 507)

In Hinblick auf die Altersstufe der Kinder und jüngeren Jugendlichen sind es vor allem die Familie und die Schule, die als Sozialisationsinstanzen zum Teil erhebliche Defizite produzieren. Der gesamte Freizeitbereich von Kindern und jüngeren Jugendlichen wird von ihren familiären und schulischen Problemen überschattet. „Die Schule setzt den 'Schüler' voraus, ohne der Notwendigkeit der Reproduktion dieser Existenzform Rechnung zu tragen und ohne die immer größer werdende Diskrepanz dieser Existenzform zu Vorstellungen über einen 'gelungenen Alltag' von Kindern und Jugendlichen wahrzunehmen. Durch diese Privatisierung werden insbesondere die Kinder und Jugendlichen in ihren Sozialchancen banachteiligt, deren Familien und Wohnumfeld schulförmige Unterbrechungen kaum oder nur unter hohen persönlichen Opfern und Belastungen erbringen können und deren familial und lokal bedingte Lebensumstände jenen gelungenen Alltag nicht zulassen, der von der Schule in ihrem Modus einseitiger Beanspruchung vorausgesetzt wird." (Schefold u.a. 1981, S. 35) Soll die Arbeit mit Kindern und jüngeren Jugendlichen versuchen, einen „gelungenen Alltag" herzustellen? Die Beantwortung dieser Frage in der Praxis bedeutet eine Gratwanderung zwischen kompensatorischer Arbeit und der Verbesserung der sozialen Chancen der Besucher.

In vielen Einrichtungen hat sich in den letzten Jahren eine Schulaufgabenhilfe entwickelt, die die schulischen Defizite ihrer Besucher kompensieren soll. Dabei gibt es jedoch deutliche Unterschiede: Während sich die offene Form des Silentiums eindeutig zum Erfüllungsgehilfen der Schule macht, indem Kinder dorthin *geschickt* werden und von seiten der Schule konkrete Ansprüche an die Hausaufgabenhilfe gestellt werden, gibt es andere Formen, bei denen, ausgehend von den persönlichen Problemen der Kinder, Kontakte zu Eltern und Lehrern gesucht, deren Anforderungen aber nicht rückhaltlos akzeptiert, sondern mit den Kindern um die Verbesserung ihrer schulischen Kompetenzen gekämpft wird. Diese Form setzt ein hohes Maß an Kontinuität sowohl bei den Kindern und Jugendlichen voraus, die regelmäßig kommen müssen und nicht erst dann, wenn es *brennt*, und bei den Mitarbeitern, die sich nicht als Schulaufgabenspezialisten verstehen, sondern die Schulaufgabenhilfe als eingebettet in das Konzept des Jugendhauses betrachten und über die konkrete Hilfe hinaus in Kontakten zu Eltern, Schule und Behörde versuchen, die sozialen Chancen ihrer Besucher zu erhöhen. „Sozialpädagogen in Kinderhorten und Schülerhilfen können dann auch grundsätzlich etwas für ihre Schüler tun, wenn die Zusammenarbeit mit den Lehrern klappt: wenn weniger oder andere Hausaufgaben gegeben werden, wenn Stigmatisierungsprozesse in der Klasse und im Schulalltag transparent gemacht werken können". (Schefold 1981, S. 38) Einem türkischen Jungen, der dem offiziellen Schulstoff um Wochen hinterherhinkt, wird man weniger dadurch helfen können, daß man versucht, im Freizeitbereich seine Defizite mit Macht aufzuholen, als dadurch, daß man versucht, Kontakt zur Schule zu bekommen, um den gewaltigen Druck erst mal zu verringern und die oftmals selbst überforderten Lehrer auf diese Situation aufmerksam zu machen. Eine Schulaufgabenbetreuung, die eingebettet ist in ein Konzept offener Arbeit, das wie beschrieben die Situation der Kinder und Jugendlichen zum Ausgangspunkt nimmt und daraus einen Erlebnis- und Erfahrungsraum im Jugendhaus aufbaut, ist deshalb sinnvoll, weil sie die Probleme und Konflikte der Besucher mit in das Jugendhaus einbezieht und versucht, ihnen Hilfestellungen bei der Bewältigung ihres Alltags als Schüler zu geben, der wiederum Grundlage für eine erfolgreiche Bearbeitung der risikoreichen *Lebenslage* Jugend ist.

Die Ressourcen des Jugendhauses spielen in diesem Konzept eine wichtige Rolle. Gerade bei der Schulaufgabenhilfe bieten sie wesentliche räumliche und personelle Grundvoraussetzungen. Aber auch in anderen Bereichen können sie wichtige Hilfestellungen zur Bearbeitung von Problemlagen erbringen: Wie im Praxisbeispiel der Schulkindergruppe dargestellt, führt die Unterversorgung vieler Kinder und Jugendlicher zu einem Dasein als Schlüsselkind. Ein Blick auf die sozialpädagogische Einrichtung des Hortes zeigt, daß es auch im Rahmen einer offenen Kinder- und Jugendarbeit sinnvoll sein kann, Hortelemente zu übernehmen und, wie im Beispiel verdeutlicht, eine Art Hortgruppe im Jugendhaus zu installieren, in der die Teilnehmer nach der Schule im Jugendhaus zu Mittag essen.

Die beschriebene Konzeption muß sich je nach sozial-ökologischen Bedingungen des Stadtteils und den sich daraus ergebenden Problemlagen von Kindern und Jugendlichen verändern. Der Hintergrund für die von mir vorgestellte Konzeption besteht in einer Trabantenstadt der 60er Jahre mit großen sozialen Problemen. Die Besucher des Anne-Frank-Hauses kommen zum großen Teil aus sozial belasteten Familien, ihre Situation wird durch die erlebnis- und erfahrungsarme Umwelt noch verschärft. Der deutlich kompensatorische Charakter dieses Konzeptes ist nur so zu verstehen; eine Schulkindergruppe für Schlüsselkinder ist in diesem verschärften sozialen Klima sinnvoll, in einer anderen sozialen Umgebung müssen dagegen andere konzeptionelle Bereiche mehr betont werden wie z.B. die Mitbestimmung der Besucher usw.

4. Praxisbeispiele

Schulkindergruppe — Ein Zuhause für Schlüsselkinder

Die Idee — Warum Schulkindergruppe?

Szene: Seit 12.30 Uhr wartet Horst darauf, daß das Anne-Frank-Haus um 15.00 Uhr öffnet. Als es endlich soweit ist, geht er gleich zur Küche und kauft sich erst einmal 2 Brötchen und einen Apfelsaft. Eine Viertelstunde später ist er wieder an der Theke und kauft noch einmal ein Brötchen. Er ist ein Schlüsselkind und wie viele seiner Altersgenossen über Mittag auf sich allein gestellt; anstatt eines Mittagessens bekommt er ein paar Mark, um sich bei uns im Hause oder sonst irgendwo etwas zu essen zu kaufen. Weil viele Kinder und Jugendliche in der gleichen Situation sind, verkaufen wir während der Spielothek belegte Brötchen und preiswerte Säfte und Kakao statt Cola und Fanta.

Diese Szene weist auf die familiäre Situation vieler Kinder und Jugendlicher hin: Weil die Eltern beide arbeiten gehen und niemand zu Hause ist oder weil die Mutter allein erzieht und tagsüber mit den kleineren Kindern beschäftigt ist, kommen sie schon nach der Schule zum Anne-Frank-Haus und warten, bis die Spielothek beginnt. Man sieht sie auch abends noch spät durch den Stadtteil streifen. Das Geld, das sie bekommen, hat meist eine Ersatzfunktion und wird dann im Haus oder am nächsten Büdchen für Süßigkeiten ausgegeben.

Aber auch viele Kinder, die nach Hause gehen können, bekommen dort kein vernünftiges Essen, sondern *schnelle* Küche oder ein paar Mark, die sie dann später z. B. im Anne-Frank-Haus für Brötchen und Süßigkeiten ausgeben. Dieser Eindruck beruht nicht nur auf eigenen Beobachtungen im Haus, sondern wird auch vom Stadtteilbericht bestätigt: „In vielen Familien gibt es eine einseitige, nicht ausreichende Ernährung. Dieser Sachverhalt sollte nicht primär darauf zurückgeführt werden, daß nicht regelmäßig und

nach ernährungsphysiologischen Gesichtspunkten gekocht wird, sondern auch darauf, daß diese Familien zur Befriedigung allgemein anerkannter Bedürfnisse Geld von ihrer Sozialhilfe einsparen müssen, und dies geschieht zuerst bei der Ernährung." (Stadtteilbericht 1983, S. 31)

Die familiäre Situation wirkt sich auch so aus, daß 11- und 12jährige einen ganzen Nachmittag auf ihre jüngeren Geschwister aufpassen müssen und damit natürlich überfordert sind. Die Hintergründe für diese Erscheinungen in den Familien sind verschieden.

Berufstätigkeit der Eltern, Alleinerziehen, niedriges Einkommen, Leben von der Sozialhilfe und Arbeitslosengeld, aber auch Überforderung und Desinteresse an der Erziehung der eigenen Kinder, psychische Probleme bis hin zu Tabletten- und Alkoholsucht sind einige der größten Probleme.

In Anbetracht ihrer Situation sind die Möglichkeiten offener Kinder- und Jugendarbeit für solche Kinder und Jugendlichen beschränkt.

In einem neuen Anlauf wollten wir versuchen, die Situation über Mittag, in der viele Kinder und Jugendliche auf sich allein gestellt sind, zu verändern. Daß die Kinder gerade nach der anstrengenden Schule alleine gelassen werden und auch kein warmes Mittagessen bekommen, war für uns ein ausschlaggebender Faktor.

Die Konzeption der Schulkindergruppe:

Bei der Suche nach einer Konzeption *entdeckten* wir bald die sozialpädagogische Einrichtung des Hortes. Einige unserer Besucher gehen nach der Schule in einen Hort und kommen danach ins Jugendhaus.

Wir schauten uns deshalb im Hortbereich um, um Anregungen für die Konzeption unseres neuen Vorhabens zu finden.

Die Geschichte des Hortes geht bis ans Ende des letzten Jahrhunderts zurück; als beschützende Einrichtung für Arbeiterkinder entstanden die Horteinrichtungen im Zuge der Industrialisierung und der Entwicklung eines Bildungssystems, das im Gegensatz zu den meisten europäischen Ländern keine Ganztagsschule, sondern eine Halbtagsschule hervorbrachte. Die so entstehende Versorgungslücke gerade für Arbeiterkinder mußte geschlossen werden. Inhaltlich-pädagogisch orientieren sich die Horte bis heute an den pädagogischen Vorstellungen von Pestalozzi und Fröbel. „Im Berliner Jugendheim Goethestraße entwickelte Gierke ab 1894 ein Zentrum sozialpädagogischer Art, das zu Beginn als Nachmittagsheim für Mädchen und Jungen vor allem im Schulalter eingerichtet war...". (Horterziehung 1983, S. 13) Zu unserem Erstaunen gingen die ursprünglichen Intentionen des Hortes genau in unsere Richtung: Eine sozial-pädagogische Betreuung von Schulkindern in den Nachmittagsstunden war mit dem vergleichbar, was wir jetzt im Jugendhaus aufbauen wollten. Erstaunt waren wir deshalb, weil die Praxis heutiger Hortarbeit ganz anders aussieht. Fast immer in Kombination mit einer Kindertagesstätte sind die meisten Horteinrichtungen heute inhaltlich, organisatorisch und pädagogisch im Kindergartenbereich angesiedelt. In der Geschichte der Horteinrichtungen kam es schon bald zu der heute üblichen Verbindung von Kindergarten und Hort. Die Gründe dafür sind vielfältig: Zu einem entwickelte sich eine gemeinsame Ausbildung für Kindergarten und Hort (Erzieher); getrennte Gesetzgebung für Schule und sozialpädagogische Einrichtungen verhinderte die an sich sinnvolle Verbindung zur Schule, und der rasante Ausbau des Kindergartens verurteilte die Horterziehung zu einem Mauerblümchendasein im Gegensatz zur gesetzlich abgesicherten und intensiv geförderten Kindergartenarbeit. Als Folge dieser Entwicklung entstanden die heute bekannten Einrichtungen in Kombination von Kindertagesstätte und Hort:

„Die Situation der Horterziehung heute ist gekennzeichnet durch ein insgesamt nicht ausreichendes Platzangebot, eine gesetzlich nicht geregelte Finanzierung dieser Einrichtung... vielerorts eingeschränken äußeren Bedingungen (z.B. zu wenig Raum, untypisches Spielmaterial für diese Altersgruppe) sowie durch die für Schulkinder oft zu beobachtende unzutreffende Orientierung der Hortarbeit an der Kindergartenpädagogik." (Horterziehung 1983, S. 16) Aufgrund fehlender Plätze wurde das Hortalter nach oben stark eingegrenzt; in Berlin können Kinder z.B. nur bis zum 12. Lebensjahr einen Hort besuchen. Aber auch die angesprochene Orientierung der Pädagogik am Kindergarten ist ein Grund für diese Entwicklung der Hortarbeit: Kinder werden *hortmüde,* die Rahmenbedingungen sind für sie nicht mehr geeignet. Der Hort wurde auch gesellschaftlich immer mehr zu einer *Sozialeinrichtung* in der vor allem Kinder aus benachteiligten Familien, aus Problemfamilien oder ausländischen Familien anzutreffen sind. Eine zusätzliche Belastung erfuhr die Horterziehung in den letzten Jahren durch die drastisch gestiegenen Elternbeiträge, die zum Teil zu einer erheblichen Zahl von Abmeldungen führte.

Aufgrund der Analyse dieser unzureichenden Bedingungen und einer pädagogischen Diskussion um eine sinnvolle Hortarbeit mit älteren Kindern hat es in der Hortarbeit eine Entwicklung gegeben, die man als Öffnung des Hortes nach innen und außen bezeichnen kann. Hierzu einige Beispiele:

— *In Köln gibt es eine* Offene Tür für Schulkinder, *in der konzeptionell Kindergartenbereich, Hort und Offene Tür unter einem Dach sind. Im Laufe der Entwicklung dieser Einrichtung wurde der Hortbereich erweitert um eine Offene Tür für Schulkinder, die eine Öffnung in mehrerlei Hinsicht bedeutet: Kinder und Jugendliche (6-14 Jahre) von außen, also nicht angemeldete Hortkinder, können nachmittags die Einrichtung besuchen. Die starre Gruppenstruktur des Hortes wurde weitgehend aufgegeben zugunsten eines offenen Betriebes mit Angeboten und Interessengruppen. Die Erfahrungen mit diesem Konzept sind sehr gut, weil diese offene Form den älteren Kindern entgegenkommt und sie sich aus der Enge der festen Gruppenstruktur lösen können.*

— *Ähnlich arbeitet eine Schülertagesstätte in Bonn, die als eigenständige Einrichtung aus einer Elterninitiative entstanden ist. Auch hier können die Kinder nachmittags zwischen verschiedenen Angeboten wählen, die in den Räumen oder auch im Außengelände durchgeführt werden. Es handelt sich dabei sowohl um längerfristige Interessengruppen (z.B. Weben) als auch um kurzfristig angebotene Aktionen und Veranstaltungen.*

— *In einer Horteinrichtung in Düsseldorf-Garath gibt es sehr gute Erfahrungen mit der Durchführung von Ferienfreizeiten für die Hortkinder in den Sommerferien.*

Ein wichtiger Aspekt bei diesen Modellen ist die Öffnung des Hortes über die fest angemeldeten Hortkinder hinaus, wobei es verschiedene Varianten gibt zwischen *echten* Hortkindern, die nach der Schule kommen und bis zum Ende (16-17 Uhr) bleiben, Kindern, die zur Schulaufgabenbetreuung und den nachfolgenden Freizeitangeboten in den Hort kommen, oder auch Kindern, die nur an den Freizeitangeboten teilnehmen. Interessant war für uns, daß die Öffnung des Hortes nach innen und außen viele Ähnlichkeiten mit unserer offenen Kinder- und Jugendarbeit hat. Der nach außen und innen geöffnete Hort hat viele Elemente der offenen Kinder- und Jugendarbeit übernommen: So gehören z.B. Freizeiten zum klassischen Repertoire der Jugendarbeit; im Nachmittagsbetrieb von großen Offenen Türen sieht es auch so aus, daß die Besucher zwischen dem Aufenthalt im ganz offenen Bereich oder der Teilnahme an Gruppen, Interessengruppen, Projekten und Aktionen wählen können. Dennoch bleiben bei diesen neuen Formen der Hortarbeit die klassischen Elemente erhalten: Kontinuierliche Betreuung nach dem Ende der Schule, Mittagessen und Schulaufgabenbetreuung. Bei allen Formen der Öffnung und Entwicklung eines neuen Einrichtungstyps als Kombination von Hort und Offener Tür waren diese Entwicklungen aus dem Hortbereich gekommen; eine Jugendfreizeitstätte, die in ihre Konzeption Hortelemente übernommen hätte, konnten wir nicht finden. Doch gerade dies erschien uns sinnvoll. Auch die Arbeitsgemeinschaft für Jugendhilfe hält in dem Abschlußbericht ihrer Hortkommission die Verbindung von Hort und Jugendfreizeitstätte neben anderen Organisationsmodellen für sinnvoll: „Wie die vorgenannte Lösung fördert auch die Verbindung mit einer Jugendfreizeitstätte die Öffnung des Hortes nach außen und erweitert das Freizeitangebot beider Einrichtungen. Voraussetzung ist allerdings, daß die Jugendfreizeitstätte ein kontinuierliches Angebot für die Altersgruppe der älteren Hortkinder und der jüngeren Jugendlichen (10-16jährige) bereit hält." (Horterziehung 1983, S. 67)

Obwohl diese Voraussetzungen im Anne-Frank-Haus als Jugendfreizeitstätte erfüllt sind, mußten wir sehr bald sehen, daß eine formale Anerkennung von Hort und Offener Tür unter einem Dach kaum möglich ist. Die Gründe dafür sind folgende:

— Aufgrund des Nordrhein-Westfälischen Kindergartengesetzes und der entsprechenden Erlasse und Ausführungsbestimmungen wird nur die Kombination von Hort und Kindertagesstätte gefördert, während andere Kombinationen eher erschwert werden. Die differenzierten Anforderungen an Räume und Ausstattung eines Hortes müssen getrennt von der Jugendfreizeitstätte erfüllt werden. Auch bei den oben beschriebenen Hortmodellen, die sich in Richtung der Arbeit einer Jugendfreizeitstätte geöffnet haben, handelt es sich immer um anerkannte Horte und nicht um Jugendfreizeitstätten. Die gleichzeitige Anerkennung als Hort und Jugendfreizeitstätte unter einem Dach ist zur Zeit praktisch nicht möglich.

— Ein zweiter Hinderungsgrund liegt in den jugendpolitischen Rahmenbedingungen und Eingrenzungen. Die Anerkennung als Jugendfreizeitstätte in NRW und die damit verbundene Landesförderung bezieht sich nach Auslegung der Obersten Jugendbehörde vor allem auf den Bereich der offenen Jugendarbeit mit der Altersstufe der 14-21jährigen. Schon bei der Spezialisierung des Anne-Frank-Hauses als Jugendfreizeitstätte auf Kinder und jüngere Jugendliche gab es Schwierigkeiten mit dem Landschaftsverband, die mit einer Sondergenehmigung für die Arbeit mit dieser Altersstufe endeten. Richtlinien und Zuschüsse für die Horterziehung werden sowohl beim Land als auch bei den meisten Kommunen von einer anderen Abteilung bearbeitet als die Mittel für die offene Jugendarbeit. Das Problembewußtsein für die Altersstufe der 10-14jährigen ist deshalb gering, da diese Altersstufe immer *am Rand liegt*. Die Idee einer formalen Anerkennung von Jugendfreizeitstätte und Hort unter einem Dach endete an den Problemen mit der Bürokratie.

Ein wichtiger Aspekt bei der Entwicklung der Schulkindergruppe war deren sinnvolle Einbettung in das bestehende Konzept der offenen Kinder- und Jugendarbeit. Ausgangspunkt dafür war die schon lange existierende Schulaufgabenbetreuung; hier war sowohl inhaltlich als auch organisatorisch eine direkte Verbindung möglich. In der Schulaufgabenbetreuung hatte sich im Vergleich zum offenen Betrieb im Laufe der Jahre ein hohes Maß an Kontinuität sowohl von seiten der Mitarbeiter als auch bei den teilnehmenden Kinder- und Jugendlichen herstellen lassen. Nur bei regelmäßiger Teilnahme kann eine konkrete Hilfestellung bei schulischen Problemen gegeben werden. Von montags bis donnerstags findet die Schulaufgabenbetreuung parallel zur Spielothek statt. Im Obergeschoss des Anne-Frank-Hauses stehen dafür zwei Räume — einer für Grund- und einer für Hauptschüler — zur Verfügung. Der Kontakt zu den Kindern und Jugendlichen ist intensiv, nicht nur, weil sie regelmäßig zur Schulaufgabenbetreuung kommen, sondern, weil die meisten von ihnen, sobald sie mit den Schulaufgaben fertig sind, die Spielothek besuchen. Auch der Kontakt zu den Eltern und Schulen ist über die Schulaufgabenbetreuung sehr viel intensiver als im offenen Bereich. Innerhalb der Schulaufgabenbetreuung gab es immer eine Zahl von Schlüsselkindern, die über Mittag nicht versorgt wurden und entsprechend früh vor dem Haus warteten. Aus der Kenntnis ihrer familiären Situation heraus konnten wir uns vorstellen, aus der Schulaufgabenbetreuung diese Kinder für das neue Angebot der Schulkindergruppe zu gewinnen.

Auch organisatorisch sollte sich die Schulkindergruppe in das Konzept des Hauses einlassen, um keine isolierte Gruppe innerhalb des Hauses entstehen zu lassen. Nach dem gemeinsamen Essen und Spielen sollten die Teilnehmer der Schulkindergrupe mit den anderen Kindern und Jugendlichen zusammen um 15.00 Uhr mit den Schulaufgaben beginnen. Hierzu stand ein dritter, bisher wenig genutzter Raum im Obergeschoß des Anne-Frank-Hauses zur Verfügung. Nach der Erledigung ihrer Schulaufgaben sollten die Kinder, wie die anderen Besucher des Hauses auch, an der Spielothek und den anderen offenen Angeboten teilnehmen können. Damit wurde auch der personell-organisatorische Aufwand für die neue Gruppe auf die Zeit zwischen 12.00 Uhr und 15.00 Uhr beschränkt. Bei dieser Konzeption waren zwei wichtige Aspekte berücksichtigt worden: Zum einen wurde der normale Betriebsablauf des Jugendhauses durch die Schulkindergruppe nicht grundsätzlich verändert, sondern die Schulkindergruppe fügt sich mehr oder weniger nahtlos in das bestehende Konzept ein, zum anderen sollte durch diese Organisation auch eine inhaltliche Verbindung zwischen dem neuen Angebot und der offenen Kinder- und Jugendarbeit verwirklicht werden.

Ein weiterer Aspekt bei der Planung und Konzeption der Gruppe war die Frage, wie wir für dieses neue Angebot werben sollten. Die Schulkindergruppe soll sich an Kinder wenden, die über Mittag unzureichend versorgt und betreut werden. Wir kannten solche Kinder aus der Schulaufgabenbetreuung und der Spielothek. Über die genauen familiären Verhältnisse wußten wir jedoch meist nur wenig aus den Erzählungen der Kinder. In Zusammenarbeit mit dem städtischen Sozialdienst wollten wir nun solche Kinder finden, für die das Angebot der Schulkindergruppe eine konkrete Hilfestellung bedeuten würde. Eine öffentliche Werbung für die Schulkindergruppe sollte auf keinen Fall durchgeführt werden, weil sonst Kinder, die an sich über Mittag versorgt werden könnten, in diese Gruppe *abgeschoben* werden könnten, z. B. aufgrund der geringen Kosten. Sozialarbeit würde dann ihren eigenen Bedarf erzeugen.

Die Schulkindergruppe in der Praxis

Wir starteten die Schulkindergruppe nach den Sommerferien 1984 zunächst mit 6 Kindern, bald wurden es jedoch 8. Unsere größte Sorge in der ersten Zeit war, ob die Kinder regelmäßig kommen würden. In vorherigen Gesprächen mit den meisten Müttern hatten wir darauf hingewiesen, daß eine regelmäßige Teilnahme wichtig sei, sowohl für die Entfaltung eines Gruppenlebens als auch für die Organisation des Kochens. Wir waren positiv überrascht, daß die Kontinuität der ersten Zeit relativ groß war. Die Kinder kamen so regelmäßig, daß sich schnell ein Leben in der kleinen Gruppe entwickelte.

Ab 12.00 Uhr können die Kinder von der Schule aus ins Haus kommen. Dieser Zeitpunkt hat sich als sehr vernünftig herausgestellt, weil die Kinder, die früher da sind, sich noch draußen beschäftigen können und die Mitarbeiter entweder erst um 12.00 Uhr ihren Dienst beginnen oder den Vormittag für andere Dinge, wie z. B. Sitzungen, nutzen können. Wenn es einmal in Strömen regnet und die Mitarbeiter da sind, können die Kinder auch schon mal früher ins Haus. Die Kinder kommen an vier Wochentagen zu sehr unterschiedlichen Zeiten ins Anne-Frank-Haus. Da sie mehrere Schulen und verschiedene Klassen besuchen, sind manche schon früh da, während andere erst um 13.30 Uhr oder noch später kommen. Nach der Schule haben die Kinder verschiedene Bedürfnisse: Manche wollen sich gerne zurückziehen und z. B. etwas malen, andere wiederum haben großen Bewegungsdrang und spielen gerne im Innenhof oder Garten.

Die Gruppe brauchte einen festen Raum, dies war von Anfang an klar, auch deshalb, weil die großen Räume im Erdgeschoß des Anne-Frank-Hauses nicht geeignet erschienen. Der Raum für die Schulkindergruppe liegt neben der Küche; dieser Raum wird nachmittags während der Spielothek als Teestube für die älteren Jugendlichen genutzt, und so schien zunächst das Problem einer Doppelnutzung durch zwei sehr unterschiedliche Gruppen zu entstehen. Zeitlich war diese kein Problem, da die Schulkindergruppe in diesem Raum nur bis 15.00 Uhr bleibt, bis zum Beginn der Schulaufgabenbetreuung. Ab 15.00 Uhr verteilen sich die Kinder auf die verschiedenen Räume, in denen die Schulaufgabenbetreuung stattfindet. Einen der Schulaufgabenräume als Aufenthaltsraum zu benutzen, erschien wenig sinnvoll, weil sie zum einen relativ abgelegen im Obergeschoß des Anne-Frank-Hauses liegen und zum anderen von ihrer Atmosphäre her auf die Schulaufgaben bezogen sind. In der Teestube gibt es für die Schulkindergruppe einen Schrank mit Spiel- und Bastelmaterial. Die Gestaltung des Raumes und die Atmosphäre wird von den älteren Jugendlichen geprägt, die z. B. eine Wand mit einem großen Bild von Lucky Luke bemalt haben. Dies stört die Kinder aber nicht. Außerdem zeigte sich sehr bald, daß der Raum für die Schulkinder zwar wichtig ist, weil sie dort ihre Taschen abstellen und sich aufhalten können, daß sie aber von dort aus zu allen möglichen Aktivitäten in die anderen Räume des Hauses gehen, z. B. in die Halle, um dort Billard oder Kicker zu spielen, in den Innenhof usw. Als sehr attraktiv erwies sich, daß den Kindern zwischen 12.00 Uhr und 15.00 Uhr das ganze Anne-Frank-Haus mit seinen Möglichkeiten allein zur Verfügung steht. Sie können wie selbstverständlich am großen Billardtisch spielen, der nachmittags von den älteren Jugendlichen beansprucht wird.

In der Zeit bis zum gemeinsamen Essen, ca. 13.30 Uhr, ist ein Mitarbeiter mit dem Kochen beschäftigt, während ein anderer Mitarbeiter (meist die Berufspraktikantin) für die Kinder da ist. In dieser Zeit wird jedoch kein besonderes Angebot gemacht, weil die Gruppe nicht vollständig ist und weil die Kinder sehr unterschiedliche Interessen und Bedürfnisse in dieser Zeit haben. Manche basteln auch am

Vortag angefangene Dinge zu Ende, andere wollen mit den Mitarbeitern spielen. Nach dem Mittagessen, dem Aufräumen und Abwaschen gibt es ein Angebot für die ganze Gruppe: Im Sommer sind dies Aktivitäten im Freien auf der Wiese am Haus oder auch mal ein kleines Geländespiel im Wald. Besonders gut kommen kleinere Ausflüge an, wie z. B. ein Spaziergang zum benachbarten Abenteuerspielplatz oder eine Fahrt zu einem großen Kinderspielplatz. Im Winter und bei schlechtem Wetter werden in dieser Zeit Spiele gemacht, oft auch Bastel- und Werkangebote. Um 15.00 Uhr endet diese Phase der Schulkindergruppe mit der Öffnung des Hauses für die draußen wartenden Kinder und Jugendlichen, die dann zur Spielothek oder zur Schulaufgabenbetreuung kommen. Die Kinder der Schulkindergruppe gehen in die Räume der Schulaufgabenbetreuung und nehmen nach der Beendigung ihrer Hausaufgaben die verschiedenen Angebote der Spielothek wahr. Daß sie ihren Raum nachmittags nicht mehr benutzen können, ist für die Kinder kein Problem, denn sie wissen genau, daß jetzt Spielothek ist, und freuen sich auf die dort stattfindenden Angebote. Die meisten von ihnen gehen um 18.30 Uhr mit dem Ende der Spielothek nach Hause oder werden vorher von ihrer Mutter abgeholt.

Bei der Konzeption der Schulkindergruppe war die Versorgung mit einem warmen Mittagessen ein zentraler Aspekt. Nicht nur aus eigener Erfahrung wußten wir, daß die Ernährung in vielen Garather Familien sehr einseitig und unzureichend ist. Es ging uns also nicht nur um die Zubereitung eines warmen Essens, sondern auch um die Qualität einer ausgewogenen nährstoff- und vitaminreichen Kost. Bei einem Gespräch mit den Mitarbeitern einer Horteinrichtung in Garath wurde uns angeboten, über diese Folienessen aus einer Großküche zu beziehen, so wie es heute in den meisten Horten und Kindertagesstätten üblich ist. Nach einigen Überlegungen verzichteten wir jedoch auf dieses Angebot und entschieden uns zum Selberkochen, weil wir mit der Qualität des Folienessens nicht zufrieden sind und im Anne-Frank-Haus eine gut eingerichtete Küche haben. Außerdem ließ sich der Dienstplan so organisieren, daß jeder hauptamtliche Mitarbeiter nur einmal in der Woche mit dem Kochen beschäftigt ist. Bei der Frage, was wir kochen, spielt der Preis von DM 2,50 pro Person und Mittagessen eine wichtige Rolle. Bei den Rezepten wollten wir von Anfang an einen Mittelweg gehen zwischen dem, was die Kinder kennen, und unseren Vorstellungen von einer ausgewogenen Kost. Die Kinder von Beginn an mit einer Art „Öko-Küche" zu konfrontieren, erschien uns falsch. Das, was die Kinder nicht nur in Garath kennen, sind „Nudeln mit roter Soße", Pommes usw. Wir haben mit gutbürgerlichen Gerichten angefangen und nach und nach unseren Speiseplan erweitert. Gute Erfahrungen haben wir mit verschiedenen Arten von Aufläufen gemacht, die den Kindern von Anfang an gut geschmeckt haben. Nach und nach wurde auch mehr Gemüse verwandt, und es gibt zwischendurch immer wieder Gerichte, die die Kinder nicht kennen. Sie probieren dann meist vorsichtig und merken schnell, daß es ihnen schmeckt. Echte Reinfälle hat es nur relativ selten gegeben, wenn beim Kochen selbst irgendein Unglück passierte. Als sehr vorteilhaft erwies sich, daß jeder Mitarbeiter seine Rezepte auf Karteikarten geschrieben hat. So haben wir inzwischen nicht nur eine Rezeptkartei, sondern auch ein Gefühl für Mengen bekommen; immerhin muß man ein doppeltes oder dreifaches Rezept kochen. Die finanzielle Kalkulation der einzelnen Gerichte wurde ebenfalls notiert, so daß man wußte, was zu teuer und was relativ preiswert war. Ein bislang ungelöstes Problem ist die schwierige Vorplanung für das Kochen, wenn man mit allen Kindern rechnet und dann an diesem Tage ein oder zwei Kinder nicht kommen. Die Kontinuität des Besuches läuft phasenweise besser oder schlechter; gerade beim Kochen ist dieses problematisch, denn man will nie zu wenig kochen, und so bleiben hinterher Reste, die man finanziell abschreiben kann. Bei einer so knappen Kalkulation ist dies auf die Dauer ziemlich schwierig.

Die gemeinsame Zubereitung des Mittagessens kam nicht so zustande, wie wir dies eigentlich geplant hatten. Direkte Mitarbeit der Kinder kommt nur selten vor. Zumeist sind die Kinder, wenn sie von der Schule kommen, dazu nicht in der Lage, haben keine Lust, sind zu müde oder wollen sich beschäftigen. Mitarbeit gibt es beim gemeinsamen Einkauf oder wenn ein Obstsalat zum Nachtisch zubereitet wird. Das Zusammenstellen der Tische und das Tischdecken erfolgt mit den Kindern, genauso wie das Abräumen, Spülen und Tischewischen. Nachdem diese Arbeiten zunächst mit allen Kindern gleichzeitig erfolgten, entwickelte sich im Laufe der Zeit ein Plan, der jedem Kind seine besondere Aufgabe an jedem Tag gibt.

Eine besonders schöne Erfahrung für Kinder und Mitarbeiter ist bis heute das gemeinsame Mittagessen in großer Runde. Wir sitzen mit 8-12 Personen an einem Tisch in der Teestube, eine Situation, die die meisten Kinder noch nicht erlebt haben. Die Atmosphäre in einer solchen Runde ist anders, und dieses schafft nicht nur positive Erlebnisse, sondern auch Probleme. Wenn es bei einem Essen zu zweit oder dritt nicht stört, wenn sich die Anwesenden unterhalten, so kann ein Essen mit 12 Personen, bei dem alle durcheinander reden, von der Atmosphäre her sehr ungemütlich werden. Von unseren Freizeiten haben wir einschlägige Vorerfahrungen in bezug auf die Eßgewohnheiten unserer Besucher. „So schnell wie möglich, so viel wie möglich", heißt die Parole vieler Kinder und Jugendlicher. Aus der Angst heraus, zu wenig zu bekommen, füllen sie sich den Teller so voll, daß hinterher eine Menge übrig bleibt und weggeworfen wird. Unsere Zielsetzung ist, daß das Essen in einer ruhigen und entspannten Atmosphäre geschieht, so daß die Kinder nicht zu schlingen brauchen. Wichtig dafür ist ein gemeinsamer Beginn und die Verteilung des Essens in angemessen große Portionen, die die Kinder auch aufessen können. Auch der richtige Gebrauch von Messer und Gabel ist für viele Kinder ungewohnt und muß erst geübt werden. Dies erscheint uns deshalb wichtig, weil wir die Erfahrung gemacht haben, daß sich viele Jugendliche später unsicher in ihrem Verhalten beim Essen fühlen, wenn sie mal in fremder Umgebung sind. Unser Ziel ist es nicht, den Kindern bürgerliche Verhaltensnormen vom *richtigen* Benehmen beizubringen, sondern sie sollen erfahren können, daß ein gemeinsames Essen nicht nur Nahrungsaufnahme innerhalb kürzester Zeit bedeutet, sondern auch eine schöne soziale Erfahrung sein kann. Wichtig dafür ist auch, daß der Tisch schön gedeckt ist, dazu gehören Tisch-Sets für jedes Kind, kein Plastik, sondern Porzellan, und auch mal eine Kerze oder ein paar Blumen.

Die Schulaufgabenbetreuung ab 15.00 Uhr ist ein wichtiger Teil der Schulkindergruppe. Sie verlassen dann den Raum neben der Küche und gehen in den 1. Stock, um die entsprechenden Räume aufzusuchen. Dieser, eigentlich aus der Not geborene Umzug bringt eine wichtige Strukturierung in den Ablauf der Schulkindergruppe. Die Kinder wissen, daß sie um 15.00 Uhr hinauf gehen, und vorher beginnen sie deshalb auch nicht mit den Schulaufgaben. Im Gegensatz zu vielen Hortgruppen ist der Ablauf der Schulkindergruppe bis 15.00 Uhr nicht überschattet von den *drohenden* Hausaufgaben. Es ist für die Kinder sehr gut, daß sie erst etwas tun können, das ihnen Spaß macht.

Die Schulaufgabenhilfe ist so organisiert, daß den Grundschülern zwei Räume und den Hauptschülern ein größerer Raum zur Verfügung stehen. Pro Raum sind mindestens zwei Mitarbeiter da, die sich um die Kinder und Jugendlichen kümmern. Die Kinder sitzen verteilt an einzelnen Tischen, und die Mitarbeiter helfen abwechselnd bei den Aufgaben. Bei den Kleinen wird auch ein Teil der Zeit zum Üben genutzt; dies ist auch für die ausländischen Kinder mit ihren Sprachproblemen wichtig.

Nach unseren Erfahrungen muß die Schulkindergruppe von einer Person kontinuierlich betreut werden. Im Anne-Frank-Haus ist dies meist die Berufspraktikantin, die jeden Tag mit der Schulkindergruppe zusammen ist. Dazu kommen wechselnd Mitarbeiter, die einen Tag kochen, und zusätzliche Mitarbeiter für die Schulaufgabenbetreuung.

Schon bei der Planung der Schulkindergruppe war uns klar, daß eine gute Zusammenarbeit mit den Sozialdiensten sinnvoll ist, damit wir die Situation der Kinder in ihren Familien mit Hilfe der Mitarbeiterin der Sozialdienste besser einschätzen können. Es fanden deshalb verschiedene Vorbesprechungen mit der Leiterin des allgemeinen Sozialdienstes statt, die uns auch viele Anregungen für die praktische Durchführung geben konnte. Aus ihrer Kenntnis der familiären Situation vieler Garather Familien heraus konnten uns die Sozialdienste Kinder nennen, für die die Schulkindergruppe ein geeignetes Angebot ist. Über diese Vermittlung hinaus kam es bei mehreren Anlässen zu einer intensiveren Zusammenarbeit.

Bei Problemen, z. B. dem unregelmäßigen Besuch von Kindern oder wenn es um das Bezahlen des Essengeldes ging, kam es öfter zu gemeinsamen Gesprächen mit den beteiligten Familien, bei denen jeweils ein Mitarbeiter des Anne-Frank-Hauses und die zuständige Sozialarbeiterin des Sozialdienstes anwesend waren. Dies war deshalb gut, weil so den Betroffenen auch symbolisch gezeigt wurde, daß sie es nicht mit zwei ganz unterschiedlichen Institutionen zu tun haben, sondern daß es um eine gemeinsame Hilfestellung für die Familie ging. Wenn uns eine Sozialarbeiterin des Sozialdienstes eine Familie genannt hatte und wir den Kontakt gemeinsam hergestellt hatten, blieben wir auch weiterhin im Gespräch, weil es für den Sozialdienst wichtig war zu wissen, wie die Kinder sich in der Schulkindergruppe entwickelten.

Mit den Schulen, vor allem den benachbarten zwei Grundschulen, gab es schon vor Beginn der Schulkindergruppe über die Schulaufgabenbetreuung Kontakte zwischen einzelnen Lehrern und den für die Schulaufgabenbetreuung verantwortlichen Mitarbeitern. Hierbei kam es sehr auf das Interesse der Lehrer an und ihre Bereitschaft, sich mit außerschulischen Maßnahmen zu befassen.

In gemeinsamen Gesprächen geht es meist um die Erfahrungen mit einzelnen Kindern, um konkrete Absprachen über die Hausaufgaben und um die familiäre Situation des Kindes.

Die Kontakte zu den Eltern beziehen sich meist auf Gespräche mit den Müttern, in wenigen Fällen haben wir mal die Väter gesehen. Das liegt einmal daran, daß viele Mütter alleine erziehen, und zum anderen daran, daß sich meist die Mütter mit der Erziehung befassen. Es gibt zwei Arten von Kontakten: einen ungeplanten, der z. B. zufällig beim Abholen der Kinder entsteht; einen zweiten in Form von Gesprächen, zu denen wir die Mütter einladen. Bei der ersten Form der Gespräche, die meist kurz sind und *zwischen Tür und Angel* erfolgen, geht es um Konkretes: Kinder werden entschuldigt, wir erinnern an das noch zu bezahlende Geld, kurze Informationen über schulische Probleme usw. Diese Gespräche sind nicht sehr intensiv, aber wichtig, weil sie den Kontakt halten und nicht die Form eines formellen Gespräches haben. Die Mütter fühlen sich bei diesen informellen

Formen oft sicherer. Wenn wir sie ins Büro bitten, werden sie oft unsicher, weil sie die Atmosphäre im Sozialamt oder anderen Institutionen damit vergleichen. Inhaltlich geht es bei den Bürogesprächen meist um Probleme mit den Kindern, um Erziehungsverhalten, um Absprachen und andere Dinge. Als wir z. B. den Eindruck hatten, daß der kleine Michael oft ohne Frühstück in die Schule ging und dann mittags einen Heißhunger hatte, haben wir von uns aus die Mutter zu einem Gespräch gebeten und unseren Eindruck beschrieben und zusammen darüber gesprochen. Solche Gespräche führen wir in unregelmäßigen Abständen.

Im Vergleich zur offenen Kinder- und Jugendarbeit ist der Kontakt zu den Eltern ungleich intensiver, die Inhalte der Gespräche viel konkreter und verbindlicher. Dies liegt daran, daß der Kontakt zu den Kindern auch viel intensiver ist als in den offen Angeboten und daß die Mitarbeiter von daher viel mehr über einzelne Kinder wissen, über ihre Sorgen, Probleme und Schwierigkeiten. Wir haben gute Erfahrungen damit gemacht, daß wir von uns aus Beobachtungen an die Mütter weitergegeben haben. Die meisten Mütter haben Scheu, von sich aus solche Probleme anzusprechen, und reagieren meist positiv, wenn man sie in angemessener Weise daraufhin anspricht.

Zu Beginn bestand die Gruppe aus zwei vietnamesischen, einem türkischen und drei deutschen Kindern im Alter von 6-11 Jahren. Der Kontakt zwischen den Kindern war gut, es gab noch keine Vorbehalte der Deutschen gegenüber den ausländischen Kindern, wie dies bei Jugendlichen öfter vorkommt. Die Kinder zeigten jedoch sehr unterschiedliche Verhaltens- und Denkweisen. Der kleine Oktai war es z. B. nicht gewohnt, daß Männer kochen und abwaschen, und hatte zunächst keine große Lust, seine Aufgaben zu übernehmen wie die anderen auch. Alle integrierten sich aber nach kurzer Zeit rasch in die Gruppe, übernahmen ihre Rolle. Schwierigkeiten gab es mit einem deutschen Jungen, der über den allgemeinen Sozialdienst angemeldet worden war. Er konnte sich nicht integrieren und anpassen; sobald er nicht im Vordergrund der Aktivitäten stand, war er beleidigt und ärgerte andere Kinder, um auf sich aufmerksam zu machen. Diese Verhaltensweisen kennen wir von vielen Kindern aus dem Anne-Frank-Haus. Bei ihm kam jedoch als zusätzliches Problem hinzu, daß er sehr unregelmäßig kam und sich wahrscheinlich in die Schulkindergruppe abgeschoben fühlte. Aus diesem Grund wurde er nach einiger Zeit abgemeldet. Für ihn kam ein marokkanisches Mädchen, dessen Mutter zunächst im Frauenhaus war. Als die Frau dann wieder mit ihrem Mann zusammengezogen war, gab es immer wieder Probleme mit dem Bezahlen; das Geld war vorher vom Frauenhaus aufgebracht worden. Auch hier führten diese Probleme zur Abmeldung. Im Laufe des Jahres wurden Kinder immer nur deshalb abgemeldet, weil die Eltern die 2,50 DM pro Mittagessen nicht bezahlen konnten oder wollten, nie aus Gründen, die sich direkt auf das Leben in der Gruppe bezogen. Dies war für uns deshalb sehr traurig, weil die Schulkindergruppe für die betroffenen Kinder sehr wichtig war und die Probleme mit ihnen nicht so groß, daß sie aufgrund ihres Verhaltens nicht in der Gruppe hätten bleiben können.

Die Kinder der Schulkindergruppe haben wenig Schwierigkeiten mit dem täglichen Wechsel aus der Kleingruppe in den offenen Bereich der Spielothek. Viele haben auch das Bedürfnis, nachmittags in den offenen Bereich zu gehen und die Kleingruppe zu verlassen. Besonders deutlich wurde dieses bei Natalie, dem ältesten Kind der Schulkindergruppe mit 12 Jahren. Sie änderte auch ihr Verhalten von der Schulkindergruppe hin zum offenen Bereich. Während sie sich mittags stark in die Gruppe integrierte, auch ihre Rolle als ältere dort spielte und sich viel mit den kleineren beschäftigte, suchte sie nachmittags mehr Kontakt zu ihren Altersgenossen und anderen Jugendlichen und verhielt sich auch anders.

Die organisatorische Verbindung von Schulkindergruppe und offener Arbeit hat viele Vorteile. Es gibt so kein Nebenher von offener Arbeit und Schulkindergruppe, sondern beide Bereiche sind eng aufeinander bezogen.

Im Laufe des Jahres ist ein Kind *rausgewachsen*; mit 12 Jahren hatte Natalie keine Lust mehr, in die Schulkindergruppe zu kommen, in der sie von Anfang an die Älteste war. Wir fanden dies ganz natürlich, und die Abmeldung war für Natalie ein wichtiger Entwicklungsschritt. Für sie kam ein kleiner vietnamesischer Junge, der erst vor kurzem aus Vietnam nach Deutschland gekommen ist und noch kein Wort Deutsch spricht. Er hat natürlich guten Kontakt zu den zwei anderen vietnamesischen Kindern und ist dabei, so schnell, wie es nur ein Kind kann, Deutsch zu verstehen und dann auch zu sprechen.

Die Verhaltensweisen der Kinder der Schulkindergruppe in der Spielothek und anderen offenen Angeboten haben sich im Laufe der Zeit verändert; man glaubt zu merken, daß sie einer Gruppe angehören. Soziale Verhaltensweisen wie *Abgeben* oder *anderen zu ihrem Recht zu verhelfen* sind bei ihnen stärker als bei anderen Besuchern ausgeprägt. Ein Teil dieser Kinder hat auch an den Sommerfreizeiten teilgenommen, so daß sich insgesamt ein für Verhältnisse offener Kinder- und Jugendarbeit intensiver Kontakt, ein fast familiäres Verhältnis entwickelt hat. Wir wollen auch in Zukunft die Höchstzahl der Teilnehmer auf acht Kinder begrenzen.

Trauminseln —
Ein kunstpädagogisches Projekt mit Kindern und Jugendlichen
von Margot Drabiniok und Heike Waldmann

Das Wandmalprojekt *Trauminseln* wurde Anfang 1986 von Mitarbeitern des *Kulturpädagogischen Dienstes* aus Aachen zusammen mit den Kindern und Jugendlichen des Anne-Frank-Hauses durchgeführt. Im Rahmen der dreimonatigen Zusammenarbeit entstanden sechs große Wandbilder für den Saal des Hauses.

Diese Form der Auftragsarbeit bedurfte besonderer Vorbereitungen, denn die Projektarbeit — als zeitlich begrenzter Einsatz von außen — mußte geplant sein. Es mußte eine zeitliche und räumliche Verbindung zwischen dem Normalbetrieb und der Projektarbeit geschaffen werden. Dabei sollte die Situation für alle im Haus transparent bleiben.

Die Mitarbeiter des Kulturpädagogischen Dienstes hielten sich in der Kennenlernphase häufig im offenen Betrieb auf, sie spielten und unterhielten sich mit den Besuchern des Hauses. Die Besucher wiederum konnten jederzeit in den

Werkraum gehen, der in dieser Zeit der Hauptaktionsort für die Produktion der sechs Wandbilder war. Die Besucher konnten jederzeit kommen und gehen, sie konnten mitmachen oder auch nur zusehen, sie konnten ein Schwätzchen halten, die gemalten Bilder kritisieren und diskutieren oder aber auch über ganz normale, alltägliche Dinge berichten. Die Mitarbeiter des Vereins waren keine nur kreativen Spezialisten, sondern für den kurzen Zeitraum ganz normale Mitarbeiter.

Der Zeitraum von drei Monaten erwies sich als lang genug, um ein intensives Kennenlernen und eine gute Zusammenarbeit zwischen den Besuchern und den *neuen* Pädagogen zu ermöglichen. Daß *fremde* Leute im Haus arbeiteten, fanden viele Kinder und Jugendliche interessant, und sie gewöhnten sich schnell an die neue Situation, u. a. weil die Leute des Kulturpädagogischen Dienstes regelmäßig dreimal pro Woche kamen. Eine solche Regelmäßigkeit und Kontinuität ist eine wichtige Grundlage für eine intensive und erfolgreiche Arbeit. Die Besucher machten Erfahrungen mit den neuen Leuten, die auch mal andere Reaktions- und Verhaltensweisen zeigten als die *alten* Mitarbeiter des Hauses.

Durch das andere, außerbetriebliche Angebot wurden die Kinder und Jugendlichen nicht nur auf neue Art und Weise angesprochen, sondern auch das unbekannte Medium Malerei machte sie neugierig und bot ihnen ungewohnte Einstiegsmöglichkeiten. Es gab den Kindern und Jugendlichen die Chance für eine engagierte Mitarbeit.

Aus der Zusammenstellung der beiden Begriffe *Traum* und *Insel* ergab sich eine für uns interessant erscheinende Thematik: *Trauminsel — Inseltraum — Traum-Insel*. Dieses Wortspiel schien uns weit gefaßt und dennoch konkret genug zugleich zu sein, um vielfältige Kontakt- und Gesprächsmöglichkeiten sowohl mit Kindern als auch mit jüngeren Jugendlichen aufzunehmen.

Daß Kinder und Jugendliche unterschiedliche Vorstellungen und Herangehensweisen zu diesem Thema haben, versteht sich fast von selbst. Während Kinder z. B. bunte, naiv wirkende Darstellungen produzieren, bevorzugen Jugendliche meist realistisch abgebildete Tauminselmotive. Um die unterschiedlichen Ergebnisse der Kinder und Jugendlichen zu verbinden, wurde zur Integration das Prinzip der Collage angewandt. Eine aufgemalte Filmperforierung am oberen und unteren Bildrand faßt die sechs Bilder zusammen. Dieser visuelle Rahmen gibt das Signal: das sind Fotografien eines Filmstreifens. Diese wecken Assoziationen von Reise- und Urlaubsbildern.

So verschieden die Ergebnisse der einzelnen Altersgruppen sind, so unterschiedlich war auch unsere Ansprache und Konzeptionierung zur Berücksichtigung sowohl der kindlichen als auch der jugendlichen Lebensphasen und Bedürfnisse.

Das Kinderbild „Insel"

In der Zusammenarbeit mit den Kindern wurde der Schwerpunkt auf spielerische Herangehensweisen gesetzt. Um die kindlichen Erfahrungs- und Ausdrucksformen zu berücksichtigen, wollten wir mit den Kindern nicht nur malen, sondern die Herstellung der Wandbilder in einen breit gesteckten Aktionsrahmen einbetten.

Bei den ersten Kontakten mit den Kindern fiel uns auf, daß sie die Begriffe Insel und Traum nur wenig mit Inhalt füllen konnten. Wir überlegten uns Zugangsmöglichkeiten spielerischer Art, z. B. spielten wir mit den Kindern eine Reise über's Meer zu einer Insel. Dazu benutzten wir u. a. eine große dünne Plastikfolie, schüttelten und rüttelten sie, setzen uns auf sie drauf, es kam ein Sturm, schließlich die Nacht, und die Fahrt wurde wieder ruhiger. Dann waren wir bald auf der Insel angekommen und hatten wieder festen Boden unter den Füßen. Anschließend überlegten wir mit den Kindern, was auf der Insel, auf der wir angekommen waren, denn alles zu entdecken und zu finden sei. Wir bauten *unsere* Insel in Miniatur aus Papier auf. Später wurde diese Insel auf Wunsch der Kinder noch bunt angemalt.

Ein anderes Mal tanzten wir mit den Kindern zu afrikanischer Musik. Als Karneval war, versuchten wir mit den Kindern, den Karneval auf der Insel malerisch festzuhalten. Phantasietiere und Lebewesen entstanden auf den Papieren.

An den folgenden Nachmittagen malten wir viel mit den Kindern. Hierzu mußten wir die Kinder nicht anregen, da sie sehr gerne malten. Unsere Betreuung bestand vorwiegend in einer inhaltlichen Strukturierung der Nachmittage. So entstanden anfangs viele Tiere und Lebewesen auf den Blättern. Um andere, neue Phantasien und Bildideen zu ermöglichen, erzählten wir den Kindern weiter Geschichten über die Insel, ihre Bewohner, Bäume, Hütten usw. Nach dem Malen wurden die gemalten Gegenstände ausgeschnitten.

Dieses breit gefächerte Aktionsspektrum sollte es den Kindern ermöglichen, sich auf ganz verschiedenen Erlebnis- und Ausdrucksebenen mit dem Thema auseinanderzusetzen, um so zur Produktion anzuregen. Mit in Bildern malerisch umgesetzten Phantasien gehen Kinder spontaner, unüberlegter um als z.B. Jugendliche. Die Kinder haben andere Kriterien dafür, wann sie ein Bild gut, schön, gelungen, etc. finden. Oft scheint das Bild selbst auch gar nicht so wichtig, der Prozeß des Malens, des Mischens, des Schmierens scheint das Entscheidende zu sein. Die ausdrucksstarken und farbenfroh gemalten Figuren und Gestalten wurden ausgeschnitten und zu zwei neuen großen Bildern zusammengefügt. Der Hintergrund dieser Bilder ist in Pastelltönen gemalt — hellgelber Strand und zartblaues Meer —, um vor allem die Einzelbilder der Kinder wirken zu lassen.

Das Bild der Jugendlichen
„Sonnenuntergang mit Palme"

Dieses Bild malten zum größten Teil fünf marokkanische männliche Jugendliche, die eine feste Gruppe im Haus bildeten. Diese fünf Jugendlichen waren schnell von der Idee, zusammen ein Wandbild zu malen, begeistert. Schon in der zweiten Woche saßen wir mit ihnen zusammen im Werkraum und diskutierten Ideen und Entwürfe für ein Bild zu dem Thema *Trauminsel*.

Es wurde gemeinsam eine Idee ausgearbeitet. Auf dem Bild sollte eine Strandsituation mit einer Palme und untergehender Sonne dargestellt werden. Diese Idee hielten die Jugendlichen in einem kleinen Entwurf fest.

Um die Angst vor dem Malen auf der großen weißen Fläche aufzufangen, zerlegten wir den folgenden Malprozeß in mehrere Teile und Arbeitsschritte. Im ersten Arbeitsschritt wurde die Palme auf der Platte skizziert. Sie ragt von links ins Bild. Ihr Stamm ist angeschnitten, die Palme insgesamt sehr groß. Der nächste Arbeitsschritt war der des Malens der Palme. Nach einigen Aufmunterungen von unserer Seite griffen die Jugendlichen — noch zögernd, aber auch neugierig — zu Pinsel und Farben. Sie malten zunächst recht vorsichtig den Stamm der Palme in brauner Farbe. Dabei achteten sie anfangs nicht auf Strukturen und Farbunterschiede innerhalb des Stammes.

Mit der von ihnen gemalten braunen Fläche waren die Jugendlichen recht unzufrieden. Sie hatten den Anspruch, die Palme und andere abzubildende Gegenstände möglichst naturalistisch darzustellen.

Wir zeigten ihnen Bilder und Fotos von Palmen, insbesondere Palmenstämmen, erklärten ihnen daran, daß der Stamm einer Palme sich in mehrere Felder unterteilt, daß er z. B. an der einen Seite heller und an der anderen Seite dunkler ist, daß dieses Phänomen mit Licht und Schatten zusammenhängt und der Tatsache, daß der Stamm rund ist. Wir zeigten den Jugendlichen, daß sie nicht nur braune Farbwerte für die Darstellung des Stammes benutzen müssen, nicht nur mit Weiß aufhellen und Schwarz die anderen Farben abdunkeln können. Wir machten ihnen z. T. auf der

Holzplatte vor, daß auch mit Gelb oder sogar Rosa helle Teile der Palme darstellbar sind, daß mit dunklen Farben wie z. B. Blau die dunklen Flächen gesetzt werden können. Neben der Farbwahl waren auch die Pinselführung und andere malerische Probleme Thema in unserer Zusammenarbeit.

Nachdem die Palme fertig gemalt war, zogen sich die marokkanischen Jugendlichen als aktive Maler erst einmal für einige Nachmittage zurück. Sie kamen jeden Nachmittag gucken, zeigten Zufriedenheit mit *ihrer* Palme, hatten aber vorerst kein Interesse, selber zu malen.

Mit anderen Jugendlichen malten wir den Strand, den Himmel, das Meer. Immer wieder ging es um malerische Probleme in unserer Zusammenarbeit.

Wir erklärten, machten vor, halfen bei Schwierigkeiten aus. Mit der Zeit hatten wir neben den marokkanischen Jugendlichen drei weitere Mitarbeiter (zwei Mädchen und einen Jungen) gewonnen. Neben diesen waren jeden Tag immer auch andere Jugendliche dabei. Einige von ihnen schauten nur zu und gaben ihre Einschätzung der Malerei zum besten. Diese ging von Begeisterung und Bewunderung bis zur Ablehnung der Bilder. Andere Jugendliche malten selber mit, einige nur an einem Nachmittag, andere waren des öfteren aktiv. Über den Inhalt des Bildes gab es eigentlich zu keinem Zeitpunkt eine Diskussion. Die Kritik entfachte sich immer an der malerischen Qualität des Bildes, wie z. B.: „Ein Wedel ist grün, ein Stamm ist braun, da haben Rosa oder Gelb doch nichts drin verloren." Neben den geschilderten, direkt auf das Malgeschehen bezogenen Aktivitäten fanden natürlich auch viele andere bei uns im Werkraum statt: Musik hören, erzählen, Witze machen, sich treffen, usw..

Im Werkraum arbeiteten Jugendliche, die sonst im offenen Betrieb wenig Kontakt zueinander hatten, gemeinsam an einem Bild. Jugendliche unterschiedlicher Nationalitäten entwarfen ihre Trauminsel und malten sie gemeinsam. Die Gruppe marokkanischer Jugendlicher malte die Palme, chilenische Mädchen schufen den Hintergrund wie Strand, Meer, Sonne und Himmel, und deutsche Jugendliche entwarfen einen *Bodybuilding-Typen,* der nach gemeinsamer Absprache in einem anderen Raum untergebracht wurde.

Die Jugendlichen brauchten häufig länger als die Kinder, um sich zum Mitmachen und Malen zu entscheiden. Ihre Hemmschwelle, sich auf diese Weise darzustellen, ist weitaus größer. Das Malen von Bildern wird eher der kindlichen Freizeitgestaltung zugeordnet. Außerdem ist ein Angebot wie Malen nur ein Moment neben vielen anderen in ihrem Leben. Mitmachen hängt auch davon ab, ob die Stimmung auch die richtige ist, ob die Beziehung zu Freund oder Freundin in Ordnung ist, ob es Probleme in der Schule oder mit den Eltern gegeben hat.

Die Ansprache der Jugendlichen in diesem Projekt war nicht spielerisch ausgerichtet. Hier fand der Austausch vorwiegend auf verbaler Ebene statt. Das Medium selbst war hier der Kommunikationsanlaß. Der hohe Realitätsanspruch der Jugendlichen an Bilder forderte uns vor allem in bezug auf unsere fachlichen Qualitäten als Kunsterzieher/innen. Vorwiegend auf dieser Ebene gaben wir Hilfestellungen, Anregungen, Tips.

Die Collage als Prinzip

Die Collage ist nicht nur als eine Art Klebebild zu verstehen, sondern sie stellt für uns auch ein Prinzip der Arbeit dar. In einer Collage wird auf unterschiedliche Art und Weise zunächst scheinbar nicht Zusammengehörendes zu einem neuen Ganzen zusammengesetzt.

Neben dem Medium Malerei wurde gedruckt und collagiert. Alles, sowohl sehr unterschiedliche Einzelbilder als auch verschiedene Methoden, tauchen in den sechs Bildern miteinander verbunden auf. Die einzelnen Bildteile zeigen Heterogenes, Bilder der Realität, Bilder von Träumen, sowohl Assoziatives als auch logisch aufeinander Aufbauendes. Die Abbildungen wurden in ihrer Unterschiedlichkeit genutzt, um neue Aussagen zu machen. Nicht Zusammengehörendes wurde zu einem neuen Ganzen zusammengesetzt, unabhängig von Perspektive, Materialität und Herstellungsmethode. Die fertigen Wandbilder spiegeln die collageartige Arbeitsweise des Entstehungsprozesses wider.

Die sechs Bilder zusammen ergeben eine neue Collage. Über die Assoziation der Perforationsstreifen eines Filmes werden die sechs Bilder Ausschnitte, Blitzlichter einer Reise, eines Urlaubes oder einer anderen Begebenheit. Die Bilder können als Einzelbilder bestehen bleiben, für sich Bedeutung erhalten, sie können aber auch als Teile einer Sequenz zu einer Reihe oder sogar zu einer Geschichte zusammengefügt werden. Durch die Andersartigkeit unseres Projektes wurde den Kindern und Jugendlichen zu neuen Vorstellungswelten und Ausdrucksweisen verholfen, die sie in ihrem Selbstbewußtsein unterstützen. Das Besondere des Projektes war u. a., daß wir hier sowohl den kindlichen als auch den jugendlichen Bedürfnissen und Ausdrucksweisen gerecht wurden, jede Gruppe in den gesamten Rahmen der Raumgestaltung integriert war. Jeder Maler findet sich in seinem Bild innerhalb der Gesamtkonzeption wieder. Dabei ist keineswegs auf die Originalität oder Eigenart von einzelnen oder Gruppen verzichtet worden. Sowohl Kinder als Jugendliche konnten in diesem Projekt ihre Ideen und Vorstellungen verwirklichen.

Die Gestaltung des Saales war für die Kinder und Jugendlichen auch ein weiteres Stück Aneignung des Anne-Frank-Hauses. Während andere Räume schon weitgehend mit Wandbildern, Fotos und selbstgemachten Dinge ausgestaltet sind, war die Wandmalerei im Saal das bisher größte

Projekt, welches auch großen symbolischen Wert hat, da der Saal nicht nur der größte Raum im Anne-Frank-Haus ist, sondern dort auch Gottesdienste und andere Veranstaltungen für Erwachsene stattfinden. Dieser Raum wird in seiner ganzen Atmosphäre jetzt durch die Bilder geprägt, an deren Entstehungsprozeß viele Besucher des Hauses beteiligt waren, — sei es auch nur durch Kritik oder Diskussion. Damit ist auch eine größere Identifikation mit dem Haus entstanden; daß die Bilder nach einem Jahr noch immer unbeschmiert und unbeschädigt sind, ist sicher ein Beweis dafür.

Höhepunkt und Abschluß des Projektes bildete eine Einweihungsfeier mit 170 Kindern, Jugendlichen und Erwachsenen. In einem festlichen Rahmen, bei Kaffee, Kakao und Kuchen wurden die einzelnen Bilder und vor allem die Besucher, die sie gemalt hatten, vorgestellt und gefeiert. Jeder *Aktive* erhielt ein kleines Geschenk; eine große Arbeit fand so ihren Abschluß.

Mädchengruppe — Gemeinsam sind wir stärker
von Claudia Metzner und Gabi Steil

Entstehungsbedingungen und Anfangsschwierigkeiten

In den letzten Wochen war uns eine Veränderung im Verhalten der 13- bis 14jährigen Anne-Frank-Haus-Besucher/innen aufgefallen. Die Mädchen, die sonst fast regelmäßig zur Spielothek kamen, besuchten die Einrichtung nur noch sporadisch. Wenn sie kamen, saßen sie entweder im Eingangsbereich, in der Nähe vom Billard-Tisch, und sahen den gleichaltrigen Jungen beim Spielen zu, oder zwei Freundinnen zogen sich an einen Tisch zurück und unterhielten sich.

Ihre bisher kindlichen Interessen hatten sich verlagert; Spiele hatten an Bedeutung verloren, und im Vordergrund schienen ihr Körper und ihre Sexualität zu stehen und natürlich auch die Jungen. Ihre körperliche Entwicklung vom Mädchen zur Frau empfanden sie als mehrfache Auslieferung. Die plötzlichen

Einschränkungen, die sie zu Hause in ihrem Um- und Ausgang erfuhren, konnten sie nicht verstehen. Es wurde ihnen mehr Verantwortung im Haushalt und jüngeren Geschwistern gegenüber abverlangt. Körperliche Reifung und Sexualität waren tabu, und nur selten herrschte in der Familie die notwendige Vertrautheit, die Fragen und Probleme der Mädchen zu besprechen.

Hinzu kam das veränderte Verhalten der gleichaltrigen Jungen, welches ebenfalls zu Verunsicherungen der Mädchen führte. Sie wurden von den Jungen, mit denen sie bis vor einiger Zeit noch Billard oder Tischtennis spielten, nunmehr nicht nur verbal mit „Du alte Fotze" oder ähnlichen Aussprüchen belästigt, sondern auch am Busen und Po angefaßt. Vieles ließen sie aus Unsicherheit bereitwillig mit sich geschehen, lachten darüber oder regten sich auf, so daß es zu kleineren Handgreiflichkeiten zwischen Jungen und Mädchen kam. Diese Resonanz motivierte die Jungen noch stärker zum Weitermachen.

Bedingt durch ihre Pubertät standen die Mädchen in einem Zwiespalt: Einerseits suchten sie sowohl verbal als auch körperlich die Auseinandersetzung mit den Jungen, andererseits waren sie in ihrem Verhalten gehemmt, weil sie nicht wußten, wie sie sich *richtig* verhalten sollten, um negativen Sanktionen der Jungen, wie z. B. Nichtbeachtung oder im Extremfall Ausschluß aus der Peer-Group, zu entgehen.

Wir überlegten, welches Angebot wir diesen Mädchen machen könnten, um ihren Ansprüchen gerecht zu werden, die sich von den Ansprüchen der jüngeren Anne-Frank-Haus-Besucherinnen unterschieden. Bei den 13- bis 14jährigen Mädchen bestand der Wunsch nach Hilfestellung und Aufklärung, nach Anerkennung und Selbständigkeit. Früher kamen sie fast ausschließlich wegen des Spielens ins Jugendhaus. Sie wollten hier ihre Freizeit verbringen und Spaß haben. Jetzt interessierte sie brennend Liebe, Freundschaft, Sexualität. Hierzu boten wir eine Gruppe nur für Mädchen an, in der sie miteinander reden, Fragen stellen und ihre Unsicherheiten eventuell beseitigen konnten. Weiterhin sollten sie die Erfahrung machen, daß sie mit ihren Problemen, Wünschen und Vorstellungen nicht alleine sind, sondern daß gleichaltrige Mädchen ähnliche Gedanken und Schwierigkeiten haben.

Wir sprachen die Mädchen, die uns aufgefallen waren, nachmittags in der Spielothek an und erklärten ihnen unser Vorhaben. Mit der abstrakten Darstellung unseres Themas konnten sie nichts anfangen, verstanden es aber besser, als wir sagten, daß wir über das Verhalten zwischen Jungen und Mädchen reden wollten, über Verhütungsmittel, darüber, wie es beim Frauenarzt ist... Die Mädchen waren Feuer und Flamme, und wir verabredeten uns für den kommenden Freitag im Anne-Frank-Haus.

Zu unserem Erstaunen kamen alle acht von uns Angesprochenen, zwei hatten sogar ihre Freundinnen mitgebracht.

Beim ersten Treffen stellten wir uns vor und wollten mit den Mädchen über ihre Vorstellungen sprechen. Dies gestaltete sich sehr schwierig, weil sie aufgefordert waren, über etwas zu reden, was sie zwar interessierte, bisher aber nur in der engen Beziehung zur besten Freundin ausgetauscht wurde. Die Mädchen saßen gebannt auf ihren Sesseln und hörten uns, Gabi und mir, erwartungsvoll zu, als wir zur Gewährleistung einer kontinuierlichen Gruppenarbeit einige Grundregeln aufstellten; die Regelmäßigkeit der Gruppenstunden (jeden Freitag um 15 Uhr), die Verpflichtung, bei Abwesenheit uns oder einem Mädchen vorher Bescheid zu sagen, und das pünktliche Erscheinen. Ihre große Aufmerksamkeit bezog sich natürlich nicht auf diese formellen Regeln, sondern darauf, daß das eigentliche Thema endlich zur

Sprache kam. Als es soweit war, herrschte Stille, und auch auf die Frage, welche Themen sie inhaltlich erarbeiten wollten, kam keine konkrete Antwort, sondern folgender Ausspruch: „Ja, das, was ihr da letzte Woche mal erzählt habt und so." Eva hatte ihren ganzen Mut zusammengenommen, um diesen Satz herauszubringen, der, nach den Gesichtern beurteilt, das Interesse aller Mädchen wiedergab. Unser Versuch, ihnen mit der Argumentation „Sie müßten schon selbst wissen, was sie gemeinsam bequatschen oder erleben wollten" mehr zu entlocken, scheiterte, und wir beschlossen, uns bis zur nächsten Woche Gedanken darüber zu machen.

Für die folgenden Treffen wählten wir mehrere Kennenlernspiele aus, um den Mädchen den Einstieg in die zukünftige Gruppe zu erleichtern.

Das erste halbe Jahr verlief mühsam, und es war eine kontinuierliche Gruppenarbeit war nicht möglich, obwohl ein Stamm von vier Mädchen jeden Freitag zu unseren Treffen erschien. Die anderen nahmen nur gelegentlich teil. Einige benutzten die Mädchengruppe zu Hause als Alibi für ihre Verabredungen mit Freunden, die sie verheimlichen mußten. Bei Daniela und Michaela bestand zwar der Wunsch nach Treffmöglichkeit, bedingt durch ihr Alter (11 und 12 Jahre) hatten sie jedoch noch kein Interesse am Erfahrungsaustausch mit Gleichaltrigen. Sie wollten Action und Chaos.

Diese beiden Mädchen waren die jüngsten in der Gruppe und unterschieden sich von den anderen hinsichtlich ihrer Sprunghaftigkeit und Unzuverlässigkeit. Ihr Verhalten unterstützte unsere Beobachtung, die wir bei der Veränderung der 13- bis 14jährigen Mädchen gemacht hatten. Michaela und Daniela waren für solch eine Gruppe noch zu jung. Sie hatten nicht das Interesse zuzuhören. Sie wollten sich vergnügen und mußten ständig in Bewegung sein. Nach einigen Monaten, nachdem die erste Neugier nachgelassen hatte, kamen sie einfach nicht mehr.

Vertrauen und Mißtrauen

Während unserer zweieinhalbjährigen Gruppenarbeit konnten wir bei der Vertrauensbildung drei Phasen feststellen. Die Gruppe spielte sich nach ungefähr einem halben Jahr auf acht Mädchen ein. Wir hatten uns mittlerweile untereinander oberflächlich kennengelernt und wußten, was sie von den Treffen erwarteten. Endlich war die Erarbeitung der Themen möglich, die sie zum regelmäßigen Kommen bewogen hatte.

Da bei ihnen noch keine Vorerfahrung in der Gruppenarbeit vorlag und sie allem etwas verunsichert gegenüberstanden, bereiteten wir einige Gruppenstunden mit den Schwerpunkten „Die Pille", „Welche Verhütungsmittel gibt es?", „Unser Körper", „Unsere Rolle als Mädchen" vor.

Eine Vertrauensbasis bestand noch nicht, und dementsprechend haben wir die Treffen illustrativ und motivierend zu gestalten versucht, um ein Gespräch oder das Nachfragen bei „Nicht-Verstehen" anzuregen. Durch die Mischung der trockenen Informationen mit Situations- und Rollenspielen wollten wir eine schulähnliche Atmosphäre vermeiden. Ein gutes Beispiel für diese erste Phase der Vertrauensbildung sind die Gruppenstunden, in denen wir über Verhütungsmethoden sprachen. Anhand von Bildern und durch das Mitbringen von verschiedenen Verhütungsmitteln stellten wir die Methoden vor. Anschließend spielten wir, uns eingeschlossen, einige Situationen, wie beispielsweise ein Gespräch zwischen Mutter und Tochter, wobei das Mädchen der Mutter erzählen sollte, daß es zum Frauenarzt gehen will. Die reale Umsetzung dieser und ähnlicher Situationen sollte den Mädchen durch das Nachspielen erleichtert werden. Darüber hinaus stellten sie fest, daß das gespielte Verhalten der Eltern nicht individuell verschieden ist. Die ähnlich dargestellten Reaktionsmuster entfachten ein reges Gespräch. Wir bestellten Filme zu den erörterten Fragen und lockerten die Treffen durch Aktionen wie Pizza backen, zusammen Eis essen gehen, Fotos schießen ... auf, um das Interesse füreinander zu stärken und die Unsicherheit, wenn sie sich auf die Gruppe einlassen sollten, abzubauen. Die Angst vor Blamage war noch sehr groß und wirkte hemmend auf die Vertrauensbildung.

In der zweiten Phase lernten wir reden und diskutieren, worauf wir im nächsten Abschnitt noch eingehen werden. Die Mädchen brachten sich mit Aussprüchen wie: „Ich habe da mal gesehen.." oder „Meine Freundin hat da so ein Problem" ein. Sie hatten noch Schwierigkeiten, der Gruppe das angesprochene Problem als eigenes darzustellen. Eine unbekannte, außenstehende Person wurde vorgeschoben.

Erst in der letzten Phase wurden die eigenen Fragen auch wirklich als eigene erörtert. Die Angst vor dem *Nach-außen-Dringen* intimer Informationen hatte sich abgebaut. Das Konkurrenzverhalten aufgrund des Erfahrungsvorsprungs einiger Mädchen unterlag nicht mehr länger einer Negativ-Wertung. Sie nahmen jetzt die beratende und unterstützende Stellung ein, die wir als Teamerinnen zu Beginn der Gruppe innehatten.

Natürlich mußten Gabi und ich uns in gleicher Weise in die Gruppe einbringen, wie wir es von den Mädchen verlangten. Sie wollten alles ganz genau wissen und fragten uns bis ins kleinste Detail aus. Selbst Rita taute auf. Sie war eine der intensivsten Zuhörerinnen, und obwohl sie wenig redete, stellte sie neugierig die Frage: „Muß man denn beim *ersten Mal* stöhnen, oder was muß ich dann machen, damit ich mich richtig verhalte?" Fragen wie diese standen auf der Tagesordnung. Es bestand eine große Diskrepanz zwischen den von ihnen gemachten Erfahrungen und den auf der Straße in Alltagsgesprächen aufgeschnappten Vorstellungen, die durch die Medien unterstützt wurden. Dies wollten wir ihnen verdeutlichen und in einen realistischen Zusammenhang bringen.

Später traten wir beim Erfahrungsaustausch immer stärker in den Hintergrund und wurden von den Mädchen nicht mehr als Gruppenleiterinnen, sondern als Gruppenmitglieder in die Gespräche integriert. Die Führungsrolle, die wir zu Beginn übernommen hatten, verlor an Bedeutung.

Melanie, die Neue

Wir hatten es den Mädchen selbst überlassen, neue Gruppenmitglieder zu werben, und waren deshalb sehr erfreut darüber, als Eva am Ende eines Treffens erzählte, sie wolle das nächste Mal eine Freundin mitbringen, Melanie. Ein undefinierbares Raunen ging durch die Runde, und es schien, als würde sich daraus noch ein Konflikt ergeben. So war es dann auch. Schon als wir den darauffolgenden Freitag die Mädchen ins Haus ließen und gemeinsam in die Teestube gingen, wo die Mädchengruppe immer stattfand, war die Atmosphäre sehr angespannt. Abgesehen von Eva und Natascha vertieften sich die anderen Mädchen sofort in Gespräche und würdigten Melanie keines Blickes. Auch unsere Aufforderung nach Ruhe, denn es wäre schließlich ihre Gruppe und es ging eventuell um ein neues Gruppenmitglied, änderte nichts an ihrem Verhalten. Sie zeigten kein Interesse an ihr und ließen sie das auch merken. Unsere Vermittlungsversuche mißglückten, und nach diesem, für uns und für die Mädchen, unbefriedigenden Nachmittag verschoben wir die Diskussion. Die darauffolgende Woche kam Melanie nicht, und wir versprachen uns durch ihre Abwesenheit eine größere Offenheit der Mädchen untereinander. Um eine Diskussion in Gang zu bringen, fragten wir nach ihr. Es stellte sich heraus, daß Rita mit ihrer Teilnahme an der Gruppe überhaupt nicht einverstanden war und sie sich Melanie nach der Schule, wie die anderen sagten, *mal vorgeknöpft* hatte. Wir fragten sie nach den Gründen, warum sie gegen Melanie als Gruppenmitglied sei, und wollten von ihr eine Erklärung. Rita antwortete stur: „Weil ich es eben nicht will! Weil ich kein Vertrauen zu ihr habe!" Dieses Argument war das einfachste, das sie anführen konnte, weil wir noch einige Treffen zuvor über die große Bedeutung des gegenseitigen Vertrauens in unserer Gruppe gesprochen hatten. Unserer Meinung nach hatte sie sich sehr clever überlegt, daß sie mit diesem Argument jeder weiteren Erklärung entgehen könnte. Deshalb forderten wir sie auf, dies zu begründen. Damit war sie restlos überfordert, sah sich hilfesuchend um und meinte, daß sie nicht die einzige sei, die gegen Melanie ist! Schließlich könnten die anderen auch mal was sagen. Auf eine weitere Aufforderung reagierte Rita dickköpfig und unnahbar. Sie tat, als hätte sie nichts gehört, sah aus dem Fenster oder malte auf dem Tisch herum. Ihre Meinung stand fest, und die Sache schien für sie erledigt. Auch die anderen Mädchen übergingen das Problem schweigend, als wir jede einzelne zu einer Stellungnahme aufforderten. Selbst das Angebot eines gemeinsamen Gesprächs hatte keinen Erfolg.

Wir wären wahrscheinlich nie zu einem Ergebnis gekommen, wenn wir den Mädchen nicht eine Diskussion mit pro und contra, zur Veranschaulichung, wie eine gemeinschaftliche Entscheidung gefällt wird, vorgespielt hätten. Dies sollten sie in bezug auf den Konflikt mit Melanie nachspielen. Die sachliche Darstellung und Begründung ihrer eigenen Meinung fiel ihnen besonders schwer, so daß sie sich gegenseitig anschrien und mit Lautstärke die anderen überzeugen wollten.

Der repressions- und sanktionsarme Handlungsraum der Mädchengruppe stand in krassem Gegensatz zu ihren Erfahrungen. Hier hatten sie nicht nur die Möglichkeit, sondern waren aufgefordert, ihre eigene Persönlichkeit einzubringen. Sie wurden angehört und merkten, daß ihre Meinung zählte und bei Gruppenentscheidungen Berücksichtigung fand. Dies hatte in einem Zeitraum über mehrere Wochen den Erfolg, daß sich die Mädchen gegenseitig zuhörten und auch ihre unterschiedlichen Meinungen in die Diskussion einbrachten; sie hatten an Selbstwertgefühl und Selbstvertrauen gewonnen.

Melanie, die die darauffolgenden Gruppenstunden wieder dabei war, da die Mädchen abgesprochen hatten, ihr eine Probezeit zu geben, hatte den oben beschriebenen Prozeß mit den anderen erlebt und ihren Beitrag ebenfalls in die Diskussion einfließen lassen. Anschließend war sie in die Gruppe integriert.

Brief an BRAVO

Oft brachten die Mädchen zu unseren Treffen die Zeitschrift BRAVO mit, lasen sie vor der Tür, bis wir sie reinließen, und sprachen in der ersten Viertelstunde, in der sie Neuigkeiten austauschten, auch über die neuesten Informationen aus der BRAVO.

Irgendwann im Verlauf eines solchen Gesprächs bezweifelte Eva einige Dinge, die sie in der BRAVO gelesen hatte, so daß es zu einer heftigen Gruppendiskussion kam, die uns noch die darauffolgende Woche beschäftigte. Alle Mädchen brachten das nächste Mal einige ältere und neue BRAVOs mit, worauf wir speziell die Seite von Dr. Sommer untersuchten, auf der er Ratschläge für Jugendliche gibt, die sich in ausweglosen Situationen befinden oder irgendein anderes Problem haben.

Aufgrund unserer themenorientierten Gruppenarbeit in der Anfangsphase hatten die Mädchen viele Kritikpunkte an seinen Antworten, empfanden einige als überholt und kamen auf die Idee, einen Brief an Dr. Sommer zu schreiben. Wir setzten einen Brief mit Zitaten aus verschiedenen BRAVO-Heften auf, um unsere Aussagen zu begründen, prangerten die Ratschläge für junge Mädchen an, die unsere Gruppe eher als Belastung und nicht als Hilfestellung empfand, und schickten den Brief an den betreffenden *Ratgeber*.

Wir alle waren auf die Antwort natürlich sehr gespannt, und jedesmal, wenn wir eines der Mädchen nachmittags in der Spielothek trafen, fragten sie, ob er schon zurückgeschrieben hätte. Es dauerte mehrere Wochen, bis wir endlich Antwort vom Dr.-Sommer-Team erhielten. Die Aktion war fast in Vergessenheit geraten, da wir mit einem Brief nicht mehr gerechnet hatten. Auf die Kritik und Fragen der Mädchen wurde — wie wir nicht anders erwartet hatten — nicht eingegangen. Sie stellten ihre schwierige Arbeit dar und forderten die Mädchen lediglich auf, sich selbst einmal in die Berater-Funktion zu versetzen. Der Brief war kurz und als Antwort auf unser Schreiben nichtssagend. Für die Gruppe hatte er jedoch noch die positive Wirkung einer Reaktion überhaupt.

Natürlich schränkte sich der Konsum dieser Zeitschrift trotz daran geübter Kritik nicht ein, was auch ein zu hoher Anspruch an unsere Aktion gewesen wäre. Die Mädchen nahmen jedoch nicht mehr alle Inhalte kritiklos auf, sondern setzten sich nunmehr stärker als vorher damit auseinander.

Der Besuch beim Frauenarzt

Bei unseren Mädchen löste der Gedanke an einen Besuch beim Frauenarzt ziemlich gemischte Gefühle aus. Sich vor einem Fremden auszuziehen, der sich die intimsten Körperteile genau ansieht und sie auch berührt und abtastet, war für die Mädchen eine Horrorvorstellung. Obwohl wir ihnen die einzelnen Schritte einer Untersuchung genau erklärten und Bilder von einer Gynäkologen-Praxis mitbrachten, konnten wir ihre Einstellung nicht ändern und überlegten uns, eine Praxis vor Ort zu besichtigen. Die Mädchen waren mit dieser Idee einverstanden, und Gabi besorgte bei ihrem Frauenarzt einen Informationstermin für unsere Gruppe. Wir fuhren nach der Sprechstunde in die Praxis, mußten jedoch noch einige Zeit im Wartezimmer verbringen. Die Atmosphäre war sehr angespannt. Krampfhaft suchten die Mädchen nach Gesprächsstoff, um sich gegenseitig abzulenken und sich die Angst zu nehmen. Dicht gedrängt saßen wir im Wartezimmer nebeneinander, da nämlich nicht genügend Sitzmöglichkeiten vorhanden waren. Aber selbst wenn dies der Fall gewesen wäre, hätten wir wahrscheinlich trotzdem wie die Hühner auf der Stange gesessen, denn Körpernähe und das Spüren einer Freundin neben sich hatten auf sie eine beruhigende Wirkung und gab ihnen Sicherheit. Bei jedem Luftzug und Schritten auf dem Flur dachten die Mädchen, sie wären an der Reihe. Als es endlich soweit war, wurden wir von dem Arzt persönlich begrüßt. Er führte uns zuerst in eines seiner Untersuchungszimmer mit dem sehr gefürchteten Untersuchungsstuhl und erklärte uns beim Zeigen der medizinischen Geräte den Ablauf einer frauenärztlichen Untersuchung. Bei seiner Aufforderung, sie könnten sich gerne mal auf den „Stuhl" setzen, wenn sie wollten (natürlich bekleidet!), schreckten sie zurück und schüttelten alle mit dem Kopf. Wir fragten den Arzt, ob es möglich wäre, daß er uns mit den Mädchen einige Minuten allein ließe, was er auch bereitwillig tat. Nach gutem Zureden probierten alle den Untersuchungsstuhl aus und empfanden es als gar nicht so schlimm. Dann zeigte er uns noch die weiteren Räume seiner Praxis und die technischen und medizinischen Apparaturen. Er hatte die Mädchen neugierig gemacht, sie probierten aus und fragten nach.

Diese Aktion hatte den Erfolg, daß drei Mädchen sich nun endlich trauten, zum Frauenarzt zu gehen. Sie besorgten sich gemeinsam einen Termin und erzählten in der darauffolgenden Gruppenstunde, daß es trotz ihres flauen Gefühls im Magen sehr lustig war, Natascha meinte, ihr wäre es gerade so eben noch gelungen, sich wieder aufzurichten, als der Arzt sie aus der Umkleidekabine ins Untersuchungszimmer bat. Sie wußte nämlich nicht, wie sie sich nach dem Entkleiden verhalten sollte, und versuchte deshalb durch den Spalt unter der Tür einige Blicke zu erhaschen, wobei sie plötzlich die mit weißen Schuhen bekleideten Füße sah, was sie in die Höhe schnellen ließ.

Die anderen Mädchen profitierten von diesen Erfahrungen. Es gab ihnen mehr Sicherheit, wenn Gleichaltrige berichteten und nicht wir unsere Erfahrungen und Unsicherheiten mit und bei neuen Dingen darstellten. Es schien für sie lebensnaher und realer zu sein, da wir, Gabi und ich, von vielen Dingen, denen die Mädchen aufgeregt und ängstlich entgegensahen, in einer Art erzählten, die für sie suspekt war, suspekt deshalb, weil wir, bedingt durch den Altersunterschied, vieles als unproblematisch und normal darstellten, was für die Mädchen natürlich nicht so war. Dementsprechend ist uns bei dieser Aktion deutlich geworden, daß wir lediglich die Möglichkeit haben, die Mädchen zum Ausprobieren anzuregen, um dann durch eigene Erfahrung selbst beurteilen und werten zu können.

Unsere gemeinsame Wochenendfahrt

Eine weitere entscheidende Aktion war die Planung und Durchführung eines Wochenendes in einem Selbstverpflegungshaus im Sauerland.

Die Mädchen fieberten dieser Fahrt regelrecht entgegen. Bei den nächsten Treffen hatten wir mit den Vorbereitungen viel zu tun. Wir erstellten eine Einkaufsliste, einen Kochplan und überlegten, was wir an dem Wochenende unternehmen wollten. Dabei stand natürlich ein Disco-Besuch an erster Stelle. Für uns steckte hinter dieser Fahrt, abgesehen von dem Gruppenerleben, noch eine weitere Intention, das Stärken des Wir-Gefühls und das Wiedervereinen der Gruppe. Eva und Evi, Freundinnen, hatten in den letzten Wochen eine ungemütliche Atmosphäre in der Gruppe verbreitet. Sie redeten nicht mehr miteinander. Leider war es uns nicht möglich, den Grund dafür herauszufinden, und wir erhofften durch das Wochenende eine Klärung. Hierbei kam uns zugute, daß in dem von uns gemieteten Haus nur zwei Schlafräume vorhanden waren, wobei wir, als Betreuerinnen, in den einen abgeschoben wurden, als es direkt nach der Ankunft um die Besichtigung der Zimmer ging. Nachdem wir den Kleinbus ausgeräumt und das Haus für uns gemütlich gemacht hatten, mußten wir uns erst einmal nach der nächsten guten Disco erkundigen, womit das Abendprogramm bereits feststand. Um so größer war die Enttäuschung, als sich herausstellte, daß alle Diskotheken, die wir anfuhren, geschlossen hatten. Wir waren nämlich nicht wie geplant am Wochenende, sondern von Montag bis Mittwoch gefahren.

Unsere Alternative, Sekt trinken und Musik hören, war ein nicht so attraktives Angebot. Dies ließen sie uns natürlich spüren. Rita hatte schon *gar keinen Bock* mehr, wie sie sagte, in dieser öden und langweiligen Gegend noch einen Tag länger zu bleiben. Gabi und ich hielten uns bei der Diskussion heraus, denn eine sachliche Argumentation konnte in dieser emotional geladenen Situation sowieso nichts ausrichten. In der Hoffnung, daß sich die Enttäuschung, die sich in dem aggressiven Verhalten widerspiegelte, von selbst erledigte, warteten wir ab. Es dauerte eine Weile, bis sich ausnahmslos alle auf das Sekt-Trinken freuten und den Disco-Flop nicht mehr erwähnten. Dienstag hatten wir dann das gleiche Problem noch einmal. Da Rita sowieso die ganze Zeit schon wieder nach ihren Pommes lechzte und uns damit in den Ohren lag, gingen wir in eine Kneipe essen. Der vom Vortag aufgesparte Selbstdarstellungsdrang kam sogar auf seine Kosten. Die Musik-Box in der nur von Männern besuchten Gaststätte wurde sofort gesehen und auch ausprobiert. Die Mädchen sorgten in dem „Schuppen" ordentlich für Stimmung und erstaunte Gesichter. Nachdem ihnen das *Bestauntwerden* und *Präsentieren* langweilig wurde, da sich die Herren noch nicht einmal zum Tanzen auffordern ließen, fuhren wir wieder in unser Haus und starteten dort eine richtige Tanzorgie in Slip und Hemdchen. Die Disco-Klamotten hatten an Wichtigkeit verloren, und auch die stundenlang gestylten Frisuren wurden ordentlich durcheinandergewirbelt. Die Stimmung war so ausgelassen, daß Natascha sogar meinte: „So gut wäre es in der Disco bestimmt nicht geworden!" und die anderen ihr lachend zustimmten.

Der Ausflug hatte mit seinen Überraschungen mehr erreicht, als wir eigentlich erwartet hatten. Die Mädchen sind sich in den zwei Tagen wieder näher gekommen. Der Konflikt zwischen Eva und Evi hatte sich jedoch nur in Ansätzen gelöst. Das ständige Zusammensein und die Gespräche hatten ergeben, daß die beiden wieder miteinander redeten und die anderen sich von dem Problem stärker distanzierten. Das Verhältnis untereinander ist aber nicht wieder so geworden, wie es gewesen war, und führte ein Dreivierteljahr später neben anderen Gründen zur Auflösung der Gruppe.

Das Ende der Gruppe

Nach zweijährigem Bestehen der Gruppe wurden Interessenunterschiede der Mädchen deutlich. Einige von ihnen kamen noch immer regelmäßig zu den offenen Angeboten ins Anne-Frank-Haus; die anderen trafen sich lieber zu Hause mit ihren Freunden, gingen zusammen mit ihrer Clique in die Disco oder trafen sich in der Fußgängerzone. Die meisten der mittlerweile 16jährigen Mädchen hatten einen festen Freund. Wieder hatte einer Verlagerung der Interessen stattgefunden. Die Mädchengruppe mußte jetzt dem Freund weichen, dem eine bedeutendere Position eingeräumt wurde. Der Wissensdurst der 13- bis 14jährigen Mädchen, wie er zu Beginn der Gruppe vorlag, war nun befriedigt, und ihre Außenorientierung verstärkte sich in den letzten Monaten. Wir veranstalteten ein großes Abschlußessen und verbrachten noch eine Nacht im Jugendhaus. Hätten wir hiermit noch länger gewartet, wäre die Mädchengruppe wahrscheinlich nach und nach auseinandergebrochen.

Wir konnten im Verlauf der Gruppenzeit feststellen, daß sie sich mit mehr Sicherheit und größerem Selbstbewußtsein in der Einrichtung bewegten. Sie artikulierten ihre Bedürfnisse häufiger und hatten durch ihren Gruppenraum, der im Spielothek-Betrieb als Teestube für die Jugendlichen genutzt wurde, einen stärkeren räumlichen Bezugspunkt. Weiterhin haben sie die für sie neue Erfahrung gemacht, daß

Aktivitäten ohne Jungen Spaß machen, und entwickelten eine große Solidarität. Dieses Verhalten äußerte sich so, daß sich die Mädchen zum Beispiel bei Schwierigkeiten mit Jungen gegenseitig unterstützten und zu Hilfe kamen.

Literatur

Arbeitsgruppe Jugendprobleme im Jugendhaus: Thesenpapier zur Jahrestagung des Kreisjugendrings Eßlingen 1984

Aly, Götz: Wofür wirst du eigentlich bezahlt? Möglichkeiten praktischer Erzieherarbeit zwischen Ausflippen und Anpassung, Berlin 1977

Baacke, Dieter: Die 6-12jährigen, Weinheim 1984

Baacke, Dieter: Der sozialökologische Ansatz zur Beschreibung und Erklärung des Verhaltens Jugendlicher, in: deutsche jugend 1980, S. 493

Böhnisch, Lothar: Die veränderten gesellschaftlichen Bedingungen der Jugendverbandsarbeit, in: Jugend und Jugendpolitik. Versuch einer Standortbestimmung der Jugendverbände, Dokumentation des Jugendpolitischen Fachkongresses, Schriftenreihe des Deutschen Bundesjugendrings Nr. 10, Bonn 1986

Becker, Helmut/Eigenbrodt, Jörg/May, Michael: Der Kampf um Raum — Von den Schwierigkeiten Jugendlicher, sich eigene Sozialräume zu schaffen, in: Neue Praxis 1983, S. 125

Becker, Helmut/Hafemann, Helmut/May, Michael: Das ist hier unser Haus, aber... Raumstruktur und Raumaneignung im Jugendzentrum, Frankfurt a.M. 1984

Deinet, Ulrich: Hort und offene Tür unter einem Dach, in: deutsche jugend 1984, S. 209

Deinet, Ulrich: Als Berufsanfänger in der offenen Jugendarbeit, Arbeitsgemeinschaft für Jugendhilfe, Bonn 1983

Düwel, Norbert u.a.: Runter von der Straße... Untersuchungen zur Offenen Jugendarbeit in Essen, Universität Essen, Projekt Jugendarbeit, Essen 1982

Feldmann, Roland: Zur Fachkompetenz des Sozialpädagogen in der offenen Jugendarbeit, in: deutsche jugend 1981, S. 508

Friedrich, Peter u. a.: Die „Lücke"-Kinder. Zur Freizeitsituation von 9-14jährigen, Weinheim 1984

Grauer, Gustaf: Jugendfreizeitheime in der Krise. Zur Situation eines pädagogischen Feldes, Weinheim 1973

Haaser, Albert: Veränderungen im Wohnumfeld von Kindern, in: deutsche jugend 1983, S. 443

Harms, Gerd/Preissing, Christa/Richtermeier, Adolf: Kinder und Jugendliche in der Großstadt, Fortbildungsinstitut für die pädagogische Praxis, Berlin 1985

Heinrich, Karin: Feminismus und Mädchenarbeit — Das Verhältnis von Theorie und Praxis innerhalb der feministischen Mädchenarbeit, in: Neue Praxis 1983, S. 137

Hofstätter, Peter R.: Gruppendnamik, Hamburg 1975

Horterziehung in der Jugendhilfe. Grundzüge einer Konzeption, Arbeitsgemeinschaft für Jugendhilfe, Bonn 1983

Jugend in Nordrhein-Westfalen. 3. Jugendbericht des Landes NW, Ministerium für Arbeit, Gesundheit und Soziales, Düsseldorf 1979

Jugend in Nordrhein-Westfalen. Situationen — Leistungen — Tendenzen, 4. Jugendbericht des Landes NW, Ministerium für Arbeit, Gesundheit und Soziales, Düsseldorf 1982

Jugendfreizeitstätten in München. Sozialstruktur, Einzugsbereich und Einstellungen von Besuchern, Nicht-Besuchern und Pädagogen. Eine Untersuchung von Hans Dietrich Engelhardt u. a., in Zusammenarbeit mit dem Referat für Stadtplanung und Bauordnung und Stadtjugendamt, Landeshauptstadt München, Arbeitsberichte zur Stadtentwicklungsplanung Nr. 17, 1985

Kinder in Nordrhein-Westfalen. Bericht über die Situation des Kindes in Nordrhein-Westfalen, Ministerium für Arbeit, Gesundheit und Soziales, Düsseldorf 1980

Krappmann, Lothar: Gefährdung des Sozialisationsprozesses älterer Kinder, in: Blätter der Wohlfahrtspflege 1982, S. 263

Krappmann, Lothar: Die Kinder im Schulalter: Zur psychischen Entwicklung der Schulkinder, Bundeskongreß des Zentralverbandes katholischer Kindergärten und Kinderhorte, Koblenz 1983, Thesenpapier

Kraußlach, Jörg/Düwer, Friedrich W./Fellberg, Gerda: Aggressive Jugendliche. Jugendarbeit zwischen Kneipe und Knast, München 1976, 5. Aufl. 1985

Lange, Klaus/Müller, Burkhard/Ortmann, Friedrich: Alltag des Jugendarbeiters. An wessen Bedürfnissen orientiert sich die Jugendarbeit? Neuwied 1980

Lessing, Helmut: Jugendarbeit zwischen Beziehung und Institution, in: deutsche jugend 1983, S. 403

Lessing, Helmut: Jugendarbeit als Wi(e)deraneignung von Arbeit, Umwelt und Kultur, in: deutsche jugend 1984, S. 450

Liebel, Manfred: Hauptschüleralltag, in: deutsche jugend 1981, S. 557

Melzer, Brigitte/Meier, Bernhard: Die Bedeutung der Akzeleration für das Jugendmarketing, Institut für Jugendforschung, München 1982

Müller, Bürkhard: Jugendarbeit und Langeweile — wie kann es in den Jugendhäusern weitergehen?, in: deutsche jugend 1985, S. 387

Müller, Hans-Ulrich: Wo Jugendliche aufwachsen. Umweltaneignung in verschiedenen Lebensräumen, München 1983

Muchow, Martha/Muchow, Hans Heinrich: Der Lebensraum des Großstadtkindes, Reprint, Bensheim 1978

Oerter, Rolf/Montada, Leo: Entwicklungspsychologie, München 1982

Peters, Helge: Nachfrage nach Jugendzentren, in: Neue Praxis 1984, S. 359

Postman, Neil: Das Verschwinden der Kindheit, Frankfurt a.M. 1983

Projektgruppe Jugendbüro und Hauptschülerarbeit: Die Lebenswelt von Hauptschülern. Ergebnisse einer Untersuchung, München 1977

Rollin, Marion: Das Hochhaus ist an allem schuld. Macht es die Menschen krank, kriminell, einsam und zu Selbstmördern? in: Die Zeit, Nr. 34 vom 17.8.1979

Rutt, Theodor (Hrsg.): A. S. Makarenko. Ausgewählte pädagogische Schriften, Paderborn 1969

Schefold, Werner/Müller-Stackebrandt, Jutta/Böhnisch, Lothar: Jugendpolitik — Einige Befunde und Perspektiven eingangs der achtziger Jahre, in: deutsche jugend 1980, S. 506

Schefold, Werner/Böhnisch, Lothar: Jugendpolitik in sozial- und bildungspolitischer Perspektive, in: deutsche jugend 1981, S. 31

Schmidt-Denter, Ulrich: Die soziale Umwelt des Kindes, Berlin 1984

Stadtteilbericht Garath und Hellerhof, unveröffentlichter Entwurf eines Stadtteilberichtes zum Jugendhilfeplan, Jugendamt Düsseldorf 1983

Thomas, Inge: Bedingungen des Kinderspiels in der Stadt, Stuttgart 1979

Zinnecker, Jürgen: Straßensozialisation, in: Zeitschrift für Pädagogik 1979, S. 727